MENTOR-REPETITORIEN

Band 66

Französisch I

Grammatik

Von

Dr. Hermann Willers

MENTOR VERLAG

MÜNCHEN

Abkürzungen

etw.	etwas	*m/pl.*	männliche Mehrzahl
f	weiblich	q.	quelqu'un *jemand*
f/pl.	weibliche Mehrzahl	qch.	quelque chose *etwas*
j-m	jemandem	>	verwandelt in, verschmolzen zu
j-n	jemanden		
lat.	lateinisch	<	entstanden oder zusammengesetzt aus
m	männlich		

Auflage: 7. 6. 5. 4.   *Letzte Zahlen*
Jahr: 1979 78 77 76   *maßgeblich*

© *1967 by Mentor-Verlag Dr. Ramdohr KG, München*
Druck: Druckhaus Langenscheidt, Berlin-Schöneberg
Printed in Germany (WS) . ISBN 3-580-63660-X

Vorwort

Der vorliegende Band der Mentor-Repetitorien gibt in einfacher, anschaulicher und für jeden Benutzer verständlichen Darstellung einen Überblick über alle wichtigen grammatischen Erscheinungsformen der französischen Sprache. Die häufig zur Anwendung gelangte Tabellenform erleichtert die Übersicht und dient der schnelleren Einprägung der jeweils anschließend näher erläuterten Regel, deren praktische Anwendung durch Beispielsätze veranschaulicht wird. Dem Schüler und Studenten will das Werk ein zuverlässiger Helfer bei Wiederholungen und häuslichen Arbeiten sowie bei der Examensvorbereitung sein. Dem schnellen Auffinden jeder grammatischen Einzelheit dient das den Band abschließende ausführliche Sachregister.

Langjährige Erfahrungen im Rahmen des Erwachsenenunterrichts haben den Verfasser bei der Zusammenstellung des vorliegenden Repetitoriums geleitet. Zu besonderem Dank ist er Herrn Oberstudienrat Dr. Lange-Kowal verpflichtet, der aufgrund seiner großen Erfahrung im Schulunterricht wertvolle Ratschläge gab.

DER VERLAG

Inhaltsverzeichnis

Die grammatischen Fachausdrücke
und ihre Verdeutschung

Adjektiv = Eigenschaftswort: das braune Kleid

adjektivisch = als Eigenschaftswort gebraucht

Adverb = Umstandswort: er singt laut

Akkusativ = 4. Fall, Wenfall: Er pflückt den Apfel für seinen Bruder

Aktiv = Tätigkeitsform: Der Mann schlägt den Hund

Artikel = Geschlechtswort: der, die, das, ein, eine, ein

Attribut = Beifügung, Eigenschaft: Der alte Mann hat es nicht leicht

attributiv = beifügend

Dativ = 3. Fall, Wemfall: Die Frau kommt aus dem Garten

Deklination = Beugung des Hauptwortes: Nominativ — der Vater, Genitiv — des Vaters, Dativ — dem Vater, Akkusativ — den Vater

Demonstrativpronomen = hinweisendes Fürwort: dieser, jener

Diphthong = Doppellaut: ei in mein

Femininum = weibliches Geschlecht

Futur = Zukunft(sform): Ich werde fragen

Genitiv = 2. Fall, Wesfall: Sie beraubten mich meines Geldes

Genus = Geschlecht: Maskulinum, Femininum, Neutrum

Gerundium = gebeugte Grundform des Zeitworts

Imperativ = Befehlsform: geh(e)!

Imperfekt = Vergangenheit(sform): ich ging

Indikativ = Wirklichkeitsform: Er geht nicht sofort

Infinitiv = Nennform, Grundform: backen, biegen

Interrogativpronomen = Fragefürwort: wer, wessen, wem, wen

intransitiv(es Verb) = ohne Ergänzung im Akkusativ, nichtzielend: Der Hund bellt

Inversion = Umstellung: Oft muß man sich selber helfen

Komparativ = Höherstufe (1. Steigerungsstufe): schöner, größer

Konditional = Bedingungsform: Wenn schönes Wetter wäre, würden wir ausgehen

Konjugation = Beugung des Zeitwortes: Infinitiv — gehen, Präsens — ich gehe

Konjunktion = Bindewort: Der Mann ist unglücklich, weil er nicht arbeiten kann

Konjunktiv = Möglichkeitsform: Frau Schmidt dachte, ihr Mann sei im Büro

Konsonant = Mitlaut: b, d, s

Maskulinum = männliches Geschlecht

Modus = Aussageweise

Neutrum = sächliches Geschlecht

Nomen = Hauptwort: der Tisch

Nominativ = 1. Fall: Der Mann kauft ein Buch

Objekt = Satzergänzung: Der Mann schlägt den Hund

Partizip = Mittelwort: gebacken

Passiv = Leideform: Der Hund wird von dem Mann geschlagen

Perfekt = Vollendete Gegenwart: Ich bin weggegangen

Personalpronomen = persönliches Fürwort: er, sie, wir

Plural = Mehrzahl: Kirschen

Plusquamperfekt = Vorvergangenheit: Ich hatte das Buch gelesen

Positiv = Grundstufe: schön, schöner ...

Possessivpronomen = besitzanzeigendes Fürwort: der, die, das meinige, mein, dein, euer

Prädikat = Satzaussage: Die Frau bäckt einen Kuchen

Prädikatsnomen = Hauptwort als Teil der Satzaussage: Er ist Schüler

Präposition = Verhältniswort: auf, gegen, mit

präpositional = mit einem Verhältniswort gebildet

Präsens = Gegenwart: ich gehe

Pronomen = Fürwort: er, sie, es

reflexiv = rückbezüglich: er wäscht sich

Reflexivpronomen = rückbezügliches Fürwort

Relativpronomen = bezügliches Fürwort: Wo ist das Buch, das ich gekauft habe?

Singular = Einzahl: Tisch

Subjekt = Satzgegenstand: Das Kind spielt mit der Katze

Substantiv = Hauptwort: der Tisch

substantivisch = als Hauptwort gebraucht

Superlativ = Höchststufe bei der Steigerung des Adjektivs oder höchste Steigerungsstufe: am schönsten

transitiv(es Verb) = mit Ergänzung im Akkusativ, zielend: Ich begrüße einen Freund

Verbalsubstantiv = hauptwörtlich gebrauchte Nennform: das Lesen, das Schreiben

Verb = Zeitwort: gehen, kommen

Vokal = Selbstlaut: a, e, i, o, u

Zur Geschichte der französischen Sprache

Die romanischen Sprachen, zu denen das Französische, das Provenzalische, das Katalanische, das Spanische, das Portugiesische, das Italienische, das Sardische, das Rätoromanische oder Ladinische und das Rumänische gehören, stellen die kontinuierliche Fortentwicklung des gesprochenen Lateinischen, des sog. Vulgärlateins, dar. Daß neben der Ausdrucksweise der gebildeten Römer, dem Schriftlateinischen, eine lateinische Volkssprache bestanden hat, ist eine feststehende und allgemein anerkannte Tatsache. Auch haben wir in Äußerungen römischer Schriftsteller direkte Zeugnisse für das Vorhandensein einer solchen Volkssprache, wenngleich die Quellen, aus denen wir unsere Kenntnisse des Vulgärlateinischen unmittelbar schöpfen, verhältnismäßig spärlich sind.

Wie kommt es nun aber, daß aus der gleichen Quelle, dem Vulgärlateinischen, eine Fülle verschiedener Sprachen entstehen konnte? Zunächst kann man annehmen, daß das Vulgärlateinische, das sich über ein weites Gebiet erstreckte, nicht überall gleichartig gewesen ist, sondern mehr oder minder bedeutende Differenzierungen aufgewiesen hat. Die Differenzierung der aus gemeinsamer Quelle stammenden romanischen Idiome erklärt sich jedoch in erster Linie aus der Tatsache, daß die Romanisierung in den einzelnen Provinzen zu sehr verschiedenen Zeiten vor sich gegangen ist. Zuerst wurde Sardinien unterworfen, dann Spanien, später Südfrankreich, dann Nordfrankreich und zuletzt Dazien. In diesem Zeitraum, der über 300 Jahre umfaßt, hat das Lateinische in Italien sich vielfach verändert, so daß also z. B. nach Sardinien oder nach Spanien eine wesentlich ältere Sprachform importiert wurde als etwa nach Dazien. Die Verschiedenheiten, die dadurch in den einzelnen Provinzen entstanden, bildeten sich im Laufe der Zeit stärker heraus und führten zur Entstehung der heutigen romanischen Sprachen.

In den Jahren 58—50 v. Chr. wurde das von den Kelten besiedelte Gallien von den Römern erobert, die gleichzeitig die lateinische Sprache in der Form des genannten Vulgärlateins einführten. Dies geschah derart intensiv, daß das Gallische im Verlauf der folgenden Jahrhunderte nahezu völlig ausstarb. Nach dem Zusammenbruch des römischen Reiches hat sich die Volkssprache stetig weiterentwickelt, woran auch der im 3. Jahrhundert n. Chr. erfolgte Einfall der germanischen Franken nichts zu ändern vermochte. Sie gaben zwar dem Lande den Namen „France" und hinterließen im Wortschatz einige Spuren, unterwarfen sich im übrigen aber völlig dem Primat des Volkslateinischen, das vom 9. Jahrhundert n. Chr. ab eine selbständige Sprache darstellt: das sog. Altfranzösische. Es reicht von den ersten Anfängen (Straßburger Eide 842) bis zur Mitte des 14. Jahrhunderts und weist bereits beachtliche literarische Höhepunkte auf (Rolandslied, Chrétien de Troyes, Schöpfer des höfischen Ritterromans).

Literarisch sowie sprachlich durch gelehrte lateinische Vorbilder teilweise stark beeinflußt ist die Periode des Mittelfranzösischen, die von etwa 1350 bis zum Ausgang des 16. Jahrhunderts reicht.

Das Neufranzösische rechnet man von dem Tage an, als François de Malherbe (1555—1628) vom Hofe beauftragt wurde, die französische Sprache von der Uneinheitlichkeit und dem Mangel an Genauigkeit zu reinigen. Diese Bereinigung wurde im Verlauf des 17. Jahrhunderts vollendet, in dem das Französische seine klassische Klarheit, Eleganz und Durchsichtigkeit gewinnt. Die Pflege der Sprache wird durch die Gründung der „Académie française" (1635) überdies zu einem staatlichen Anliegen. Seit dieser Zeit hat die französische Sprache sich im Wortschatz zwar verändert, in weit geringerem Maße in der Syntax und ganz unerheblich nur noch in der Aussprache.

Die Französische Revolution hat zur Ausbreitung der französischen Sprache erheblich beigetragen. Andererseits gehen die Wirkungsbereiche der Mundarten seither unaufhaltsam zurück. Sie werden nach den alten Namen der Landschaften, in denen sie gesprochen werden, unterschieden. Die neufranzösische Schriftsprache hat sich aus dem Dialekt der Isle de France, dem Franzischen, entwickelt.

Bezüglich des Wortschatzes wäre darauf hinzuweisen, daß den Grundstock die lateinischen Wörter bilden, die seit der Romanisierung des Landes von Generation zu Generation weitergegeben wurden. Hierbei handelt es sich durchweg um Bezeichnungen alltäglicher Begriffe. Viele dieser Ausdrücke entstammen jedoch nicht dem klassischen, sondern dem volkstümlichen Sprachgebrauch der folgenden Zeit. Aus dem Gallischen haben sich außer geographischen Eigennamen kaum 50 Wörter erhalten. Groß dagegen ist die Zahl derjenigen Wörter, die von den Germanen, insbesondere den Franken, eingeführt wurden.

Durch die Kirche wurden lateinische Wörter neu vermittelt, die in der Volkssprache ausgestorben waren. Diese gelehrten Wörter werden seit dem 14. Jahrhundert überaus zahlreich. Seit dem 16. Jahrhundert dringen dann viele Wörter aus dem Italienischen ein. Sehr stark wird der Einfluß des Englischen seit dem 18. Jahrhundert in der politischen Terminologie und seit dem 19. Jahrhundert vor allem auf den Gebieten der Wirtschaft, der Technik und des Sports.

Zur Verbreitung der französischen Sprache wäre folgendes zu sagen: sie ist heute die Amtssprache in ganz Frankreich und innerhalb der Französischen Union, ferner in einem Teil der Schweiz, in Belgien und in Luxemburg. Sie herrscht in Nordfrankreich allgemein; im Süden ist sie die Umgangssprache der Gebildeten in den Städten, während das Provenzalische sich auf dem Lande noch in größerem Umfang hält. Französisch gesprochen wird außerdem im südlichen Teil Belgiens, in einigen Ortschaften Luxemburgs, in der Westschweiz, im Aosta-Tal und auf den Normannischen Inseln. Ein großer Teil Kanadas ist französischsprachig geblieben.

Im ganzen ist das Französische die Sprache von etwa 65 Mill. Menschen. Dank seiner Klarheit und seinen unvergänglichen Kulturgütern sind seine Bedeutung und sein Ansehen jedoch weit größer, als dies im rein zahlenmäßigen Vergleich zu anderen Sprachen zum Ausdruck kommt. Seine Eleganz und seine Geschmeidigkeit erhalten dem Französischen jene internationale Geltung, die es besonders im 17. und 18. Jahrhundert errungen hat.

Zur Aussprache des Französischen

Die französische Sprache reiht die einzelnen Silben eines Wortes gleichmäßig aneinander, dabei steigt der Ton zum Ende hin leicht an. Der Unterschied zwischen betonten und unbetonten Silben ist im Französischen merklich geringer als im Deutschen. Die Betonung im Satz ist ähnlich gleichmäßig und steigt ebenfalls zum Ende hin an.

Bei den nun folgenden Regeln für die Aussprache der französischen Vokale und Konsonanten stehen die Lautschriftzeichen in eckigen Klammern.

In bezug auf die **Vokale** ist die französische Rechtschreibung nur in sehr geringem Grade phonetisch, weshalb zwischen Schreibung und Aussprache oft erhebliche Unterschiede bestehen. Im allgemeinen können hierzu folgende Richtlinien aufgestellt werden:

ai ist wie geschlossenes e [e]: *j'ai* (ich habe) oder wie offenes e [ɛ]: *raison* (Vernunft) zu sprechen.

aim (am Wortende) und **ain** (vor Konsonant und am Wortende) wie nasaliertes e [ɛ̃]: *essaim* (Bienenschwarm), *étain* (Zinn).

aî wie offenes e [ɛ]: *chaîne* (Kette).

au wird wie geschlossenes o [o]: *épaule* (Schulter) oder wie offenes o [ɔ]: *laurier* (Lorbeer) gesprochen.

é wie geschlossenes e [e]: *été* (Sommer); **è** und **ê** wie offenes e [ɛ]: *règle* (Regel), *être* (sein).

eau wie geschlossenes o [o]: *peau* (Haut).

ei und **eî** wie offenes e [ɛ]: *peigne* (Kamm), *reître* (Haudegen).

em und **en** vor Konsonant sowie am Wortende sind wie nasaliertes a [ã] zu sprechen: *temps* (Zeit), *entendre* (hören); **en** wird jedoch auch wie nasaliertes e [ɛ̃] gesprochen: *examen* (Prüfung).

eu ist wie geschlossenes ö [ø]: *deux* (zwei) oder wie offenes ö [œ]: *heure* (Stunde) zu sprechen.

eun (vor Konsonant und am Wortende) wie nasaliertes ö [œ̃]: *à jeun* (nüchtern).

eûne wie geschlossenes ö [ø]: *jeûne* (Fasten).

i vor Vokalen wie j [j]: *nation* (Nation).

im und **in** vor Konsonant außer m, n sowie am Wortende wie nasaliertes e [ɛ̃]: *impair* (ungerade), *bénin* (gütig).

œ wie geschlossenes e [e]: *œsophage* (Speiseröhre) oder offenes e [ɛ]: *œstre* (Pferdebremse); **œi** wie [œj]: *œil* (Auge); **œu** wie offenes ö [œ]: *œuvre* (Werk).

oi und **oî** sind als [wa] auszusprechen: *loi* (Gesetz), *croître* (wachsen).

oin wird [wɛ̃] gesprochen: *loin* (weit).

ou, où und **oû** wie u [u]: *ouvrir* (öffnen), *où* (wo), *voûte* (Gewölbe); vor anderen Vokalen wird **ou** als halbkonsonantisches, gleitendes u [w] gesprochen: *oui* (ja).

u und **û** wie ü [y]: *dur* (hart), *piqûre* (Stich); vor anderen Vokalen wird **u** als halbkonsonantisches, gleitendes ü [ɥ] gesprochen: *conduire* (führen).

um vor Konsonant außer m wie nasaliertes ö [œ̃]: *humble* (demütig); am Wortende [ɔm]: *ultimatum* (Ultimatum).

un vor Konsonant und am Wortende wie nasaliertes ö [œ̃]: *un* (ein).

y wie i [i]: *myrte* (Myrte); vor anderen Vokalen wie j [j]: *myope* (kurzsichtig).

Die vier Nasalvokale [ɑ̃], [ɛ̃], [ɔ̃] und [œ̃] sind eine wichtige Eigenart des Französischen. Im Auslaut darf -*g* nach *n* **nicht** gesprochen werden: *long* [lɔ̃] (lang).

Am Anfang eines Wortes sind die Vokale weich und ohne den Knacklaut des Deutschen zu sprechen.

Die Akzente geben im Französischen nicht die Betonung an, sondern bezeichnen die Aussprache. Der *accent aigu* kommt nur auf e vor und deutet auf geschlossene Aussprache hin: *é* = [e]. Der *accent grave* auf e gibt die offene Aussprache an: *è* = [ɛ]; auf a oder u dient er zur Unterscheidung gleichlautender Wörter: *il a* = er hat, *à* = in; *ou* = oder, *où* = wo. Der *accent circonflexe* kommt auf allen Vokalen vor (â, ê, î, ô, û) und bezeichnet meistens die Dehnung der Laute.

Die Aussprache der **Konsonanten** ist im Französischen und Deutschen oft gleich. Im Gegensatz zum Deutschen ist jedoch darauf zu achten, daß die stimmhaften Konsonanten **b, d, g** am Wortende — soweit sie ausgesprochen werden — stimmhaft zu sprechen sind. Im Wortinnern dagegen werden sie vor stimmlosen Konsonanten stimmlos. Die stimmlosen Konsonanten **p, t, k** werden im Französischen ohne den nachfolgenden Hauchlaut des Deutschen ausgesprochen.

Anders als im Deutschen werden vor allem **c** und **g** gesprochen. Ihre Aussprache richtet sich nach dem darauffolgenden Laut: **c** vor a, o, u und Konsonanten wie deutsches k [k]: *carte* (Karte).

c vor e, i und y wie stimmloses s [s]: *cesser* (aufhören).

Soll **c** vor a, o und u nicht wie [k], sondern wie [s] gesprochen werden, so wird **ç** (c mit der cédille) geschrieben: *garçon* (Junge).

g vor a, o, u und Konsonanten wie deutsches g [g]: *garde* (Wache).

g vor e, i und y als stimmhafter Reibelaut [ʒ]: *gelée* (Frost).

Soll **g** vor a, o und u nicht wie [g], sondern wie [ʒ] gesprochen werden, so wird hinter g ein e eingefügt: *changeant* (veränderlich); soll dagegen g vor e, i und y nicht wie [ʒ], sondern wie [g] gesprochen werden, so wird ein u eingefügt: *guerre* (Krieg).

Bei der Aussprache der Konsonanten ist ferner zu beachten:

ch ist vor Vokalen meist wie deutsches sch [ʃ] zu sprechen: *chose* (Sache), vor Konsonanten und am Wortende meist wie deutsches k [k]: *chronique* (Chronik), *Munich* (München).

h wird niemals ausgesprochen.

j wird wie [ʒ] gesprochen: *journal* (Zeitung).

l wird in Verbindung mit i im Inlaut oder Auslaut eines Wortes oft als weicher j-Laut gesprochen: *travail* (Arbeit), *travailler* (arbeiten).

m in der Verbindung mn ist meist stumm: *automne* (Herbst).

qu wird wie deutsches k [k] gesprochen: *qualité* (Qualität).

s am Wortanfang und nach Konsonanten wie stimmloses s [s]: *salle* (Saal), zwischen Vokalen wie stimmhaftes s [z]: *maison* (Haus). **sp** und **st** dürfen nicht mit dem [ʃ]-Laut gesprochen werden.

t wird in den Endungen -tie, -tial, -tiel, -tion, -tieux, -tiaire wie stimmloses s [s] gesprochen: *diplomatie* (Diplomatie), *portion* (Teil).

v stets wie deutsches w [v]: *vin* (Wein).

x ist vor Konsonanten stimmlos [ks]: *expliquer* (erklären), vor Vokalen stimmhaft [gz]: *exercer* (ausüben).

y wird als Konsonant wie j [j] gesprochen: *payer* (bezahlen).

z stets wie stimmhaftes s [z]: *zéro* (null).

Viele Konsonanten sind am Ende eines Wortes stumm, z. B. das auslautende r der Verben auf -er. Bei der *Bindung* zusammengehörender Wörter eines Satzes werden jedoch Konsonanten, die sonst stumm sind, häufig wieder ausgesprochen. Die Konsonanten s, x, z sind in der Bindung stets stimmhaft zu sprechen.

Die phonetischen Zeichen
der Association Phonétique Internationale

a) Vokale

Zeichen	Lautcharakteristik	Aussprache			
		verwandter deutscher Laut		französ. Beispiel	
		kurz	lang	kurz	lang
a	helles a	Ratte	Straße	rat	courage
ɑ	dunkles a	Mantel	Vater	bas	pâte
ɑ̃	nasaliertes a	—	—	temps	ample
e	geschlossenes e	Edikt	—	été	—
ɛ	offenes e	fällen	gähnen	après	mère
ɛ̃	nasaliertes e	—	—	fin	plaindre
ə	dumpfes e, deutliche Lippenrundung	Hacke	—	le; prêtre	—
i	geschlossenes i	vielleicht	Dieb	cri	dire
o	geschlossenes o	Advokat	Sohle	pot	fosse
ɔ	offenes o	Ort	—	Paul	fort
ɔ̃	nasaliertes o	—	—	mon	nombre
ø	geschlossenes ö	—	schön	nœud	chanteuse
œ	offenes ö	öfter	—	œuf	fleur
œ̃	nasaliertes ö	—	—	parfum	humble
u	geschlossenes u	Mut	Uhren	goût	tour
y	geschlossenes ü, deutliche Lippenrundung	amüsieren	Mühle	aigu	mur

b) Konsonanten

Zeichen	Lautcharakteristik	Aussprache	
		verwandter deutscher Laut	französ. Beispiel
p	stimmlos, aber ohne nach-	platt	plat
t	folgende Hauchung (Aspi-	Topf	table
k	ration)	Karte	carte
f	stimmlos	Folge	fuir
s	stimmlos	Gasse	sentir
ʃ	stimmlos	Schaden	chanter
b	stimmhaft	Birne	beau
d	stimmhaft	dort	droit
g	stimmhaft	gehen	gant
v	stimmhaft	Wein	vin
z	stimmhaft	Sonne	maison
ʒ	stimmhaft	Genie	génie, je
j	wie deutsches j in „Jahr"	Champion	champion
l		laden	fouler
r		reichen	ronger
m		Mann	mou
n		nein	nul
ɲ	mouilliertes n (n mit Mundstellung j)	Cham- pagner	Cham- pagne
ŋ	nasaler Verschlußlaut, im Französischen nur in Fremdwörtern	—	meeting [mi'tiŋ]

c) Halbvokale (Halbkonsonanten)

w	gleitendes u	—	oui
ɥ	gleitendes ü	—	muet

d) Zusätzliche Zeichen

Vokaldehnung wird durch : hinter dem betreffenden Vokal bezeichnet, die Tonstelle zwei- und mehrsilbiger Wörter durch ' vor der betonten Silbe.

Der Artikel *(l'article)*

1. Der bestimmte Artikel *(l'article défini)*

a) Formen

männlich		weiblich	
Einzahl	Mehrzahl	Einzahl	Mehrzahl
le livre *das Buch*	les livres	la rue *die Straße*	les rues
l'étage *das Stockwerk*	les_étages	l'industrie *die Industrie*	les_industries

Der bestimmte Artikel lautet in der Einzahl männlich **le,** weiblich **la,** in der Mehrzahl für beide Geschlechter **les.** Vor Vokal und stummem h werden **le** und **la** zu **l'** verkürzt.

b) Gebrauch

Abweichend vom Deutschen steht der bestimmte Artikel:

1. vor **Stoffnamen** und **Abstrakten** (l'or et l'argent sont des métaux *Gold und Silber sind Metalle*; l'union fait la force *Einigkeit macht stark*);

2. vor den Namen der **Himmelsrichtungen** (vers le sud *nach Süden*);

3. vor den Namen der **Wochentage** und **Tageszeiten,** wenn es sich um regelmäßige Wiederkehr handelt (le lundi *montags*; le soir *abends*);

4. vor den Namen der **kirchlichen Feste** mit Ausnahme von Pâques *Ostern* und Noël *Weihnachten* (à la Pentecôte *zu Pfingsten*);

5. vor den Namen von **Erdteilen, Ländern** und großen **Inseln** (l'Asie *Asien*; la France *Frankreich*; la Corse *Korsika*), außer nach «en» *in* (en France *in Frankreich*, aber: au Canada *in Kanada*) und «de» *von, aus* zur Bezeichnung von Herkunft, Titeln und Erzeugnissen (je viens d'Italie *ich komme aus Italien*; le roi de Suède *der König von Schweden*; les vins de France *die Weine aus Frankreich*);

6. vor einigen **Städtenamen**, bei denen der Artikel zum Namen gehört, wie la Haye *den Haag*, le Caire *Kairo*, le Havre, la Rochelle, le Mans [mã];

7. vor **Personennamen** im Singular, denen ein Titel vorangeht (le professeur Dubois *Professor Dubois*; le maréchal Ney *Marschall Ney*);

8. in **Redewendungen** (Gallizismen) wie avoir les yeux bleus *blaue Augen haben*, avoir le temps *Zeit haben*, avoir le téléphone *Telefon haben*, avoir les pleins pouvoirs *Vollmacht haben*, perdre le temps *Zeit verlieren*, garder le silence *Stillschweigen bewahren*, faire la paix *Frieden schließen*, demander l'aumône *betteln*, savoir le français *Französisch können*, vers le matin *gegen Morgen*, l'année prochaine *nächstes Jahr*, souhaiter la bienvenue *willkommen heißen*, le fait est que ... *Tatsache ist, daß ...*

Abweichend vom Deutschen **fehlt** der bestimmte Artikel:

1. vor **Monatsnamen** (janvier est le premier mois de l'année *der Januar ist der erste Monat des Jahres*);

2. vor **Wohnungsangaben** (il demeure rue Victor Hugo *er wohnt in der Victor-Hugo-Straße*);

3. vor **saint** (Saint-Jean *der heilige Johannes*);

4. bei **Appositionen** (Bruxelles, capitale de la Belgique *Brüssel, die Hauptstadt Belgiens*);

5. häufig nach **en** (en été *im Sommer*; en juin *im Juni*);

6. in **Redewendungen** (Gallizismen) wie perdre courage *den Mut verlieren*, être d'avis *der Meinung sein*, tirer d'embarras *aus der Verlegenheit helfen*, avoir les pieds sur terre *mit beiden Beinen auf der Erde stehen*, tomber par terre *auf die Erde fallen*, u. a.

2. Der unbestimmte Artikel *(l'article indéfini)*

a) Formen

männlich	weiblich
un livre *ein Buch*	**une** rue *eine Straße*

b) Gebrauch

Der Gebrauch des unbestimmten Artikels erfolgt im allgemeinen wie im Deutschen. Abweichend **steht** er in **Redewendungen** wie d'un ton sévère *in strengem Ton*, d'une voix faible *mit schwacher Stimme*, avec une extrême prudence *mit äußerster Vorsicht*, u. a.

3. Der Teilungsartikel *(l'article partitif)*

a) Formen des vollen Teilungsartikels

männlich *Einzahl*	weiblich *Einzahl*
du pain *Brot* **de l'**argent *Geld*	**de la** viande *Fleisch* **de l'**eau *Wasser*
Mehrzahl	*Mehrzahl*
des vins *Weine* **des** oiseaux *Vögel*	**des** pommes *Äpfel* **des** éponges *Schwämme*

b) Gebrauch

Der aus der Präposition **de** und dem bestimmten Artikel zusammengesetzte Teilungsartikel dient zur Bezeichnung einer unbestimmten Menge. Während **le** pain ein bestimmtes Brot, **un** pain dagegen eine unbestimmte Einheit bezeichnet, bedeutet **du** pain eine beliebige, unbestimmte Menge Brot.

Nicht gesetzt wird der Teilungsartikel

1. nach den Präpositionen **de** und **en** (couvert de poussière *staubbedeckt*; en bois *aus Holz*);

2. nach den Präpositionen **avec, par** in feststehenden Redewendungen und **sans,** sofern die Wendung adverbialen Sinn hat (avec courage *mutig*; par cœur *auswendig*; sans doute *zweifellos*);

3. vor **unbestimmten Zahladverbien** wie certains, différents, divers, plusieurs, quelques (certains amis *gewisse Freunde*; différents groupes *verschiedene Gruppen*; diverses tentatives *mannigfache Versuche*; plusieurs villes *mehrere Städte*; quelques questions *einige Fragen*);

4. bei **Aufzählungen** (Qu'y a-t-il pour votre service? Cerises, fraises, abricots, pêches? *Womit kann ich Ihnen dienen? Kirschen, Erdbeeren, Aprikosen, Pfirsiche?*);

5. in **Redewendungen** (Gallizismen) wie avoir faim (soif, envie, peur, raison, tort) *Hunger (Durst, Lust, Angst, recht, unrecht) haben,* demander pardon *um Verzeihung bitten,* faire plaisir *Spaß machen,* faire attention *achtgeben,* perdre courage *den Mut verlieren,* porter bonheur *Glück bringen,* rendre compte *Rechenschaft ablegen,* prêter serment *einen Eid leisten,* u. a.

Nur de o h n e Artikel steht

1. nach Ausdrücken, die eine **Menge** oder ein **Maß** angeben wie beaucoup, peu, plus, moins, assez, trop, quelque chose, un groupe, un kilo, un verre (beaucoup d'hommes *viele Menschen,* assez d'argent *genügend Geld,* un groupe de touristes *eine Gruppe Touristen,* un verre de vin *ein Glas Wein*) — ausgenommen bien *sehr viel* und la plupart *die meisten,* denen de mit dem Artikel folgt (bien des Français *sehr viele Franzosen,* la plupart des Allemands *die meisten Deutschen*);

2. in verneinten Sätzen nach pas, point und plus (il n'a pas d'argent *er hat kein Geld*; elle ne boit pas de vin *sie trinkt keinen Wein*; nous n'avons plus d'amis *wir haben keine Freunde mehr*) — ausgenommen verneintes être, das den vollen Teilungsartikel verlangt (ces messieurs ne sont pas des Français *diese Herren sind keine Franzosen*);

3. bei **Substantiven im Plural,** denen ein Adjektiv vorangeht (de grandes difficultés *große Schwierigkeiten*).

Das Substantiv *(le substantif)*

1. Das Genus

a) Geschlechtsbestimmung nach der Bedeutung

Männlich sind die Namen der **Jahreszeiten** (un automne [o'tɔn] très beau *ein sehr schöner Herbst*), **Monate** (cette année, juillet a été extrêmement chaud *in diesem Jahr war der Juli äußerst heiß*), **Wochentage** (travaillez-vous le samedi? *arbeiten Sie sonnabends?*), **Himmelsrichtungen** (vers le sud *nach Süden*), **Bäume** (un vieux chêne *eine alte Eiche*), **Metalle** (l'or précieux *das edle Gold*) und **chemischen Elemente** (l'uranium [yra'njɔm] fut découvert en 1789 *das Uran wurde 1789 entdeckt*).

Weiblich sind meist die **Ländernamen auf -e** (la France *Frankreich*) und die französischen **Flußnamen auf -e** (la Seine *die Seine* — aber: le Rhône *die Rhone*).

b) Geschlechtsbestimmung nach der Endung

Männlich sind die Substantive mit folgenden Endungen:

        -age (le voyage *die Reise*)

        -ège (le cortège *das Gefolge*)

        -eau (le bateau *das Schiff*)

        -ail (le travail *die Arbeit*)

        -al (le capital *das Kapital*)

-ent (l'argent *das Geld*)

-ment (le monument *das Denkmal*)

-et (le gilet *die Weste*)·

-ier (le panier *der Korb*)

-isme (l'organisme *der Organismus*)

-oir (le miroir *der Spiegel*)

-on (le jeton *die Spielmarke*)

Weiblich sind die Substantive mit folgenden Endungen:

-ade (la bourgade *der Marktflecken*)

-ance (l'aisance *die Wohlhabenheit*)

-ence (l'essence *der Treibstoff, das Benzin*)

-aison (la comparaison *der Vergleich*)

-aille (la bataille *die Schlacht*)

-aine (une trentaine *etwa 30 Stück*)

-elle (la bagatelle *die Kleinigkeit*)

-esse (la finesse *die Feinheit*)

-ette (la maisonnette *das Häuschen*)

-eur (la douleur *der Schmerz*)

-ise (la sottise *die Dummheit*)

-çon (la leçon *die Lehrstunde*)

-son (la maison *das Haus*)

-ion (la nation *das Volk*)

-té (la liberté *die Freiheit*)

-tié (l'amitié *die Freundschaft*)

-tie (la partie *der Teil*)

Ausnahmen:

-age als *Stamm*, nicht als *Endung* liegt vor in den Wörtern la cage *der Käfig*, une image *ein Bild*, la nage *das Schwimmen*, la page *die Seite*, la plage *der Strand*, la rage *die Wut*. Dieselbe Erklärung gilt entsprechend für l'eau (*f*) *das Wasser*, la peau *die Haut* und la dent *der Zahn*.

Männliche Substantive auf **-eur,** die keine Personen, sondern abstrakte Begriffe bezeichnen, und **-té**: l'honneur (*m*) *die Ehre*, le labeur *die Mühe*, le bonheur *das Glück*, le malheur *das Unglück*; le côté *die Seite*, l'été (*m*) *der Sommer*, le traité *der Vertrag*.

c) Substantive mit zweierlei Geschlecht und verschiedener Bedeutung

le garde	der Wächter	la garde	die Wache
le livre	das Buch	la livre	das Pfund
le manche	der Stiel	la manche	der Ärmel
le mémoire	die Denkschrift	la mémoire	das Gedächtnis
le merci	der Dank	la merci	die Gnade
le mode	die Art und Weise	la mode	die Mode
le poêle [pwɑ:l]	der Ofen	la poêle	die Bratpfanne
le tour	die Umdrehung	la tour	der Turm
le vapeur	der Dampfer	la vapeur	der Dampf
le vase	das Gefäß	la vase	der Schlamm
le voile	der Schleier	la voile	das Segel

d) Besonderheiten

Männlich oder weiblich ist après-midi *Nachmittag.* Les gens *die Leute* wird nur im Plural und als Maskulinum gebraucht, wenn es ohne nähere Bestimmung steht; in Verbindung mit Adjektiven ist folgendes zu beachten: stehen die Adjektive **vor** gens, sind sie weiblich (les vieilles gens *die alten Leute*), stehen sie dagegen **hinter** gens, sind sie männlich (des gens assidus *fleißige Leute*).

2. Die Pluralbildung

a) regelmäßig mit -s: le livre *das Buch* — les livres *die Bücher* (auf s, x oder z endigende Wörter bleiben unverändert: les mois *die Monate*, les colis *die Pakete*, les voix *die Stimmen*, les nez *die Nasen*).

b) unregelmäßig mit -x:

le tableau *das Gemälde* — les tableaux
le cheveu *das Haar* — les cheveux
[aber: le pneu *der Reifen* — les pneus]
le vœu *das Gelübde* — les vœux
le bijou *das Kleinod* — les bijoux

[aber: le clou *der Nagel* — les clous
le cou *der Hals* — les cous
le fou *der Narr* — les fous
le trou *das Loch* — les trous]

le cheval *das Pferd* — les chevaux
[aber: le bal *der Ball* — les bals,
le festival *das Festspiel* — les festivals]

le travail *die Arbeit* — les travaux

[aber: le détail *die Einzelheit* — les détails
le rail *die Schiene* — les rails
le portail *das Portal* — les portails]

c) **die zusammengesetzten Substantive:**

ohne Bindestrich: le passeport *der Paß* — les passeports

[Ausnahmen: monsieur (*mein*)*Herr* — **mes**sieurs
madame (*gnädige*) *Frau* — **mes**dames]

mit Bindestrich: le chou-fleur *der Blumenkohl* — les choux-fleurs
(**Substantiv** + **Substantiv:** beide Teile erhalten Pluralzeichen)

[Ausnahmen: le chef-d'œuvre *das Meisterwerk* — les chefs-
d'œuvre

le timbre-poste *die Briefmarke* — les timbres-
poste]

le coffre-fort *der Geldschrank* — les coffres-forts
(**Substantiv** + **Adjektiv:** beide Teile erhalten Pluralzeichen)

le grand-père *der Großvater* — les grands-pères
(**Adjektiv** + **Substantiv:** beide Teile erhalten Pluralzeichen)

le sourd-muet *der Taubstumme* — les sourds-muets
(**Adjektiv** + **Adjektiv:** beide Teile erhalten Pluralzeichen)

le gratte-ciel *der Wolkenkratzer* — les gratte-ciel
(**Verb** + **Substantiv:** beide Teile ohne Pluralzeichen)

[Ausnahmen: le cure-dent *der Zahnstocher* — les cure-dents
le tire-bouchon *der Korkenzieher* — les tire-
bouchons]

le laissez-passer *der Passierschein* — les laissez-passer
(**Verb** + **Verb:** beide Teile ohne Pluralzeichen)

le passe-partout *der Nachschlüssel* — les passe-partout
(**Verb** + **Adverb:** beide Teile ohne Pluralzeichen)

le haut-parleur *der Lautsprecher* — les haut-parleurs
(**Adverb** + **Substantiv:** nur das Substantiv erhält Pluralzeichen)

3. Die Deklination

Im Gegensatz zum Deutschen, das eine Beugung des Substantivs in den vier Fällen kennt, ist dem Französischen der Begriff „Deklination" des Substantivs wesensfremd. Nominativ und Akkusativ sind der Form nach gleich und sind lediglich an ihrer Stellung innerhalb des Satzes zu erkennen: der Nominativ steht *vor*, der Akkusativ *hinter* dem Verb. Der Genitiv wird durch Vorsetzen der Präposition **de**, der Dativ durch Vorsetzen der Präposition **à** gebildet, wobei *de* + *le* > **du**, *à* + *le* > **au**, *de* + *les* > **des** und *à* + *les* > **aux** verschmelzen. Das Substantiv selbst bleibt — abgesehen vom Pluralzeichen — unverändert.

männlich		weiblich	
Singular	*Plural*	*Singular*	*Plural*
le livre	les livres	la rue	les rues
du livre	**des** livres	de la rue	**des** rues
au livre	**aux** livres	à la rue	**aux** rues
le livre	les livres	la rue	les rues
l'étage	les étages	l'industrie	les industries
de l'étage	**des** étages	de l'industrie	**des** industries
à l'étage	**aux** étages	à l'industrie	**aux** industries
l'étage	les étages	l'industrie	les industries

Das Adjektiv *(l'adjectif)*

1. Das Genus

Die weibliche Form wird durch Anfügung eines **-e** an die männliche Form gebildet:

> grand *groß* — grande

Auf **-e** endende Adjektive haben keine besondere Form für das Femininum:

> utile *nützlich* — utile

Besonderheiten in der Bildung der weiblichen Form weisen Adjektive mit folgenden Wortausgängen auf:

el > elle   (actuel *gegenwärtig*   — actuelle)
eil > eille   (pareil *ähnlich*   — pareille)

en > enne	(ancien *alt*	— ancienne)
et > ette	(muet *stumm*	— muette)

[Ausnahmen: | complet *vollständig* | — complète |
|---|---|
| concret *anschaulich* | — concrète |
| discret *verschwiegen* | — discrète |
| inquiet *unruhig* | — inquiète |
| secret *geheim* | — secrète] |

on > onne	(bon *gut*	— bonne)
er > ère	(entier *ganz*	— entière)

eur > euse (flatteur *schmeichelhaft* — flatteuse: von Verben abgeleitete Adjektive)

[Ausnahmen: supérieur *überlegen* — supérieure: von lateinischen Komparativen abgeleitete Adjektive wie extérieur *äußerer*, intérieur *innerer*, antérieur *früher als*, postérieur *später als*, majeur *größer*, mineur *kleiner*, meilleur *besser*, inférieur *geringerer*]

c > que (public *öffentlich* —publique)

[Ausnahmen: | blanc *weiß* | — blanche |
|---|---|
| franc *frei* | — franche |
| grec *griechisch* | — grecque |
| sec *trocken* | — sèche] |

f > ve	(actif *tätig*	— active)
g > gue	(long *lang*	— longue)
x > se	(heureux *glücklich*	— heureuse)

[Ausnahmen: | faux *falsch* | — fausse |
|---|---|
| doux *süß* | — douce |
| roux *rothaarig* | — rousse] |

Verdoppelt werden die Endkonsonanten folgender Adjektive:

gentil [ʒɑ̃'ti]	*liebenswürdig*	— gentille [ʒɑ̃'tij]
paysan	*ländlich*	— paysanne
sot [so]	*dumm*	— sotte [sɔt]
bas [bɑ]	*niedrig*	— basse [bɑːs]
las [lɑ]	*müde*	— lasse [lɑːs]
gras [grɑ]	*fett*	— grasse [grɑːs]
gros [gro]	*dick*	— grosse [groːs]
épais [e'pɛ]	*dicht*	— épaisse [e'pɛs]
exprès [ɛks'prɛ]	*ausdrücklich*	— expresse [ɛks'prɛs]

Unregelmäßig bilden die weibliche Form folgende Adjektive:

aigu [e'gy]	*spitz*	— aiguë
contigu [kõti'gy]	*angrenzend*	— contiguë
ambigu [ãbi'gy]	*zweideutig*	— ambiguë
favori	*beliebt*	— favorite
bénin	*gütig*	— bénigne
malin	*böse*	— maligne
mo**teur**	*treibend*	— mo**trice**
pé**cheur**	*sündig*	— pé**cher**esse
enchan**teur**	*bezaubernd*	— enchan**ter**esse
frais [frɛ]	*frisch*	— fraîche [frɛʃ]

Eine zweite männliche Form haben folgende Adjektive:

un **beau** tableau	*ein schönes Gemälde*
un **bel** arbre	*ein schöner Baum*
une **belle** maison	*ein schönes Haus*
un **vieux** jardin	*ein alter Garten*
un **vieil** ami	*ein alter Freund*
une **vieille** femme	*eine alte Frau*
un **nouveau** gérant	*ein neuer Geschäftsführer*
un **nouvel** impôt	*eine neue Steuer*
une **nouvelle** lecture	*ein neues Lesestück*

Ebenso: fou *toll* — fol (vor Vokal und stummem h) — folle
            mou *weich* — mol (vor Vokal und stummem h) — molle

2. Die Pluralbildung

Für die Pluralbildung der Adjektive gelten die gleichen Regeln wie für die Pluralbildung der Substantive:

une grande ville *eine Großstadt*
de grandes villes *Großstädte*

An Besonderheiten sind zu merken:

1. bleu *blau* bildet bleus, fou *toll* fous, mou *weich* mous;

2. Folgende auf -al endende Adjektive bilden den Plural auf -als: banal *alltäglich* banals, fatal *verhängnisvoll* fatals, final *endlich* finals, natal *heimatlich* natals, naval *auf die Schiffahrt bezüglich* navals;

3. Auf -als oder (heute meistens) auf -aux enden die Adjektive frugal *mäßig*, glacial *eisig*, idéal *vollkommen*, matinal *morgendlich*.

3. Die Steigerung

a) Die regelmäßige Steigerung

Der **Komparativ** wird durch Vorsetzung von **plus** *mehr*, der **Superlativ** durch Vorsetzung des bestimmten Artikels vor den Komparativ gebildet:

grand *groß* — **plus** grand *größer* — **le plus** grand *am größten, der größte.*

Beim Superlativ ist der **absolute** Superlativ, der den höchsten Grad der Steigerung ausdrückt, vom **relativen** Superlativ, der vergleichsweise einen sehr hohen Grad bezeichnet, zu unterscheiden:

la plus grande joie *die größte Freude* (absolut)

une très grande joie *eine sehr große Freude* (relativ)

Steht der absolute Superlativ hinter dem Hauptwort, so ist der Artikel (nicht die Präposition) zu wiederholen:

le livre **le plus** intéressant *das interessanteste Buch*; le contenu du livre **le plus** intéressant *der Inhalt des interessantesten Buches.*

„als" nach dem Komparativ heißt **que**:

il est plus intelligent que son frère *er ist klüger als sein Bruder.*

[Ausnahmen: antérieur **à** *früher als*
postérieur **à** *später als*
supérieur **à** *höher als*
inférieur **à** *niedriger als*]

„als" vor Zahlbegriffen lautet **de**: plus (moins) de cent personnes *mehr (weniger) als 100 Personen.*

„immer" vor dem Komparativ heißt **de plus en plus**:

il devient de plus en plus insolent *er wird immer unverschämter.*

b) Die unregelmäßige Steigerung

Auf lateinischen Komparativformen beruhen

bon *gut* — **meilleur** *besser* — **le meilleur** *am besten, der beste*

mauvais *schlimm* — **pire** *schlimmer* — **le pire** *am schlimmsten, der schlimmste*

petit *gering* — **moindre** *geringer* — **le moindre** *am geringsten, der geringste*

Man beachte besonders: **mauvais** und **petit** werden regelmäßig, d. h.

durch Vorsetzung von **plus** und **le plus** gesteigert, wenn sie in ihrer Grundbedeutung (*schlecht* bzw. *klein*) gebraucht werden:

> le plus mauvais projet *der schlechteste Entwurf*
>
> la plus petite chambre *das kleinste Zimmer*

c) Keine Steigerungsformen

weisen entsprechend ihrer Bedeutung die folgenden Adjektive auf: aîné *älter*, cadet *jünger*, suprême *höchst*, extrême *äußerst*, infime *unterst*, dernier *letzter*, principal *hauptsächlich*, prochain *nächst*, unique *einzig*.

4. Das Adjektiv und sein Beziehungswort

Das Adjektiv stimmt mit seinem Beziehungswort in Geschlecht und Zahl überein:

une grande fenêtre *ein großes Fenster* — la fenêtre est grande *das Fenster ist groß.*

Bezieht sich ein Adjektiv auf mehrere Substantive *gleichen* Geschlechts, so steht es im Plural und richtet sich nach dem gemeinsamen Geschlecht der Substantive:

une robe et une jupe neuv**es** *ein neues Kleid und ein neuer Rock.*

Bezieht sich ein Adjektiv auf mehrere Substantive *verschiedenen* Geschlechts, so steht es im Plural des Maskulinums:

une robe et un chapeau blancs *ein weißes Kleid und ein weißer Hut.*

Vor dem Substantiv unveränderlich, *nach* dem Substantiv zu verändern sind ci-inclus und ci-joint *anbei*, excepté *ausgenommen*, y compris *mit einbegriffen*:

nous vous envoyons ci-joint les documents (*od.* les documents ci-joints) *anbei übersenden wir Ihnen die Unterlagen.*

Unverändert bleiben

als Farbadjektive verwandte Substantive (des robes orange *orangefarbene Kleider*);

zusammengesetzte Farbadjektive (une robe bleu foncé *ein dunkelblaues Kleid*);

grand in festen Verbindungen wie grand-mère *Großmutter*, grand-route *Landstraße*, grand-rue *Hauptstraße*, grand-messe *Hochamt*; demi und nu vor Substantiven (une demi-heure *eine halbe Stunde*, nu-pieds *barfuß*).

5. Die Stellung

a) Nachstellung

Adjektive, die ein *unterscheidendes* Merkmal bezeichnen, auf denen somit ein besonderer *Nachdruck* liegt, stehen **nach** dem Substantiv:

l'économie française *die französische Wirtschaft* (**staatliche Zugehörigkeit**)

le parti socialiste *die sozialistische Partei* (**politische Zugehörigkeit**)

la religion catholique *die katholische Religion* (**Konfession**)

la robe rouge *das rote Kleid* (**Farbe**)

la table ovale *der ovale Tisch* (**Form**)

Les Mains sales (Sartre) *Die schmutzigen Hände* (**körperliche Eigenschaft**)

Nachgestellt werden ferner adjektivisch gebrauchte Partizipien (une attitude affligée *eine betrübte Haltung*), mehrsilbige bzw. durch Zusätze erweiterte Adjektive (des prix exceptionnels *außergewöhnliche Preise*, une pièce digne d'être vue *ein sehenswertes Stück*) und entier *ganz* (le monde entier *die ganze Welt*).

b) Voranstellung

Folgende (durchweg gefühlsbetonte!) Adjektive werden vorangestellt:

grand: un grand philosophe	*ein großer Philosoph*
petit: une petite maison	*ein kleines Haus*
bon: un bon livre	*ein gutes Buch*
mauvais: une mauvaise habitude	*eine schlechte Angewohnheit*
jeune: un jeune avocat	*ein junger Anwalt*
vieux: un vieux médecin	*ein alter Arzt*
long: un long séjour	*ein langer Aufenthalt*
bref: un bref discours	*eine kurze Ansprache*
cher: mon cher ami	*mein lieber Freund*
joli: une jolie jeune fille	*ein hübsches Mädchen*
beau: un beau paysage	*eine schöne Landschaft*
digne: un digne représentant	*ein würdiger Vertreter*
gros: un gros industriel	*ein Großindustrieller*
haut: la haute considération	*die Hochachtung*
sot: une sotte réponse	*eine törichte Antwort*

c) Adjektive mit wechselnder Bedeutung

un nouveau livre	un livre nouveau
ein anderes Buch (als die bis-herigen)	*ein neues (neu erschienenes) Buch*
la dernière année	l'année dernière
das letzte Jahr (des Krieges)	*das vorige Jahr*
un honnête homme	un homme honnête
ein ehrlicher Mensch	*ein höflicher Mensch*
un pauvre homme	un homme pauvre
ein bedauernswerter Mensch	*ein mittelloser Mann*
un cher souvenir	des installations chères
eine liebe Erinnerung	*kostspielige Anlagen*
un ancien couvent	un couvent ancien
ein ehemaliges Kloster	*ein altes Kloster*
différentes chambres	des chambres différentes
verschiedene (einige) Zimmer	*verschiedenartige Zimmer*
de braves gens	une femme brave
ordentliche Leute	*eine tapfere Frau*
certaines indications	des indications certaines
gewisse (irgendwelche) Hinweise	*sichere Hinweise*
de propres terres	des mains propres
eigene Besitzungen	*saubere Hände*

Das Adverb *(l'adverbe)*

Es sind zu unterscheiden:

Ursprüngliche Adverbien, d. h. Adverbien, die auf eine lateinische Form zurückgehen (bien < bene) bzw. erst im Französischen zu einheitlichen Adverbien werden (jamais < iam + magis), und **abgeleitete Adverbien** (heureusement), die durch Anhängen der Silbe -ment (lat. mente zu mens, mentis in der Bedeutung „in der Art und Weise") an die weibliche Form des Adjektivs gebildet werden.

1. Die Formen

Das Adverb wird durch Anfügung der Silbe -ment an die weibliche Form des Adjektivs gebildet:

heureux *glücklich* — heureus**ment**

Auf -e endende Adjektive hängen nur -**ment** an:

    utile *nützlich* — utile**ment**

Besonderheiten in der Bildung der abgeleiteten Adverbien liegen in folgenden Fällen vor:

a) Auf betonten Vokal endende Adjektive verlieren vor -ment das e der weiblichen Form:

    vrai *wahr* — vraie — vrai**ment**

oder ersetzen es durch den accent circonflexe:

    dû *gebührend* — due — dû**ment**

b) Auf -ant und -ent endende Adjektive bilden Adverbien auf -**amment** und -**emment** [-aˈmã]:

    const**ant** *beständig* — const**amment**
    prud**ent** *klug, vorsichtig* — prud**emment** [prydaˈmã]

[Ausnahmen: lent *langsam* — lentement
            présent *gegenwärtig* — présentement
            véhément *heftig* — véhémentement]

c) Einige auf -e endende Adjektive verwandeln -e in é:

    commode *bequem* — commod**ément**
    conforme *gemäß* — conform**ément**
    énorme *unermeßlich* — énorm**ément**
    immense *ungeheuer* — immens**ément**

Ebenfalls hierher gehören:

    commun *gemeinsam* — commune — commun**ément**
    confus *verwirrt* — confuse — confus**ément**
    obscur *dunkel* — obscure — obscur**ément**
    profond *tief* — profonde — profond**ément**
    précis *genau* — précise — précis**ément**
    exprès *ausdrücklich* — expresse — express**ément**
    impuni *unbestraft* — impunie — impun**ément**

d) Zu bon *gut* lautet das Adverb **bien**, zu mauvais *schlecht* **mal**, zu gentil [ʒãˈti] *nett* **gentiment** [ʒãtiˈmã].

2. Die Steigerung

Wie das Adjektiv, so wird auch das Adverb durch **plus** und **le plus** gesteigert:

> heureusement *glücklicherweise* — **plus** heureusement — **le plus** heureusement.

Auf lateinischen adverbialen Komparativformen beruhen

> bien *gut* — **mieux** *besser* — **le mieux** *am besten*
> mal *schlimm* — **pis** *schlimmer* — **le pis** *am schlimmsten*
> beaucoup *viel* — **plus** *mehr* — **le plus** *am meisten*
> peu *wenig* — **moins** *weniger* — **le moins** *am wenigsten*

Man beachte besonders: **mal** wird regelmäßig, d. h. durch Vorsetzung von **plus** und **le plus**, gesteigert, wenn es in seiner Grundbedeutung „*schlecht*" gebraucht wird:

Jean écrit plus mal que sa sœur *Jean schreibt schlechter als seine Schwester.*

„*immer*" vor dem adverbialen Komparativ wird wie folgt wiedergegeben:

> de mieux en mieux *immer besser*
> de mal en pis *immer schlimmer*
> de plus en plus *immer mehr*
> de moins en moins *immer weniger*

3. Die Stellung

In den **einfachen** Zeiten stehen die Adverbien meist **hinter dem Verb**: il nous étonne vraiment *er setzt uns wirklich in Erstaunen.*

Eine Ausnahme bilden die Adverbien des Ortes und der Zeit, die meist am Anfang des Satzes stehen: tout à coup, il s'arrêta *plötzlich blieb er stehen.*

In den **zusammengesetzten** Zeiten stehen die Adverbien meist **zwischen Hilfsverb und Partizip**: nous l'avons rarement vue *wir haben sie selten gesehen.*

Eine Ausnahme bilden die Adverbien des Ortes und der Zeit sowie längere Adverbien, die häufig hinter dem Partizip stehen: il n'est pas arrivé ici *er ist hier nicht angekommen*; il s'est défendu courageusement *er hat sich mutig verteidigt.*

Beim **Infinitiv** stehen kürzere Adverbien in der Regel vor, längere Adverbien dagegen meist hinter dem Verb:

elle savait bien chanter *sie konnte gut singen*; je le vis sourire malicieusement *ich sah ihn boshaft lächeln.*

4. Der Gebrauch

Das Adverb (lat. ad verbum *zum Verb*) bezieht sich in den meisten Fällen auf ein Verb:

il nous a salués **cordialement** *er hat uns herzlich begrüßt* (wie hat er uns begrüßt?)

An Besonderheiten beachte man:

a) In einigen festen Redewendungen wird das Adjektiv in adverbialem Sinn gebraucht:

> parler haut (bas) *laut (leise) sprechen*
> voler haut (bas) *hoch (niedrig) fliegen*
> chanter juste (faux) *richtig (falsch) singen*
> acheter (vendre) cher *teuer kaufen (verkaufen)*
> sentir bon (mauvais) *gut (schlecht) riechen*
> voir clair *klar sehen*
> travailler ferme *tüchtig arbeiten*

b) Soll nicht die Art und Weise der Handlung, d. h. das Verb, sondern das Subjekt des Satzes, d. h. sein Zustand, näher erläutert werden, so wird statt des Adverbs ein prädikatives Adjektiv verwendet: le père vit heureux et content *der Vater lebt glücklich und zufrieden.*

c) Häufig werden die Formen auf -ment durch Umschreibungen wie d'une manière + Adjektiv, avec + Substantiv ersetzt:

> statt précisément: d'une manière précise
> statt impatiemment: avec impatience.

d) In einigen Fällen wird das Adverb durch ein Verb umschrieben:

> aimer faire qch. *gern etwas tun*
> ne pas tarder à faire qch. *bald etwas tun*
> manquer de (od. faillir) faire qch. *beinahe etwas tun*
> commencer (finir) par faire qch. *am Anfang (schließlich) etwas tun*
> venir de faire qch. *soeben etwas getan haben*
> venir à faire qch. *zufällig etwas tun*
> avoir beau faire qch. *vergeblich etwas tun*

5. Der Gebrauch einzelner Adverbien

a u c h ist im bejahenden Satz mit **aussi**, im verneinenden Satz (*auch nicht*) mit **ne ... pas non plus** zu übersetzen: je ne viendrai pas non plus *ich werde auch nicht kommen*; (ni) moi non plus *ich auch nicht.*

e b e n s o w i e zum Ausdruck eines Vergleichs ist in **bejahenden** Sätzen mit **aussi ... que** beim *Adjektiv* und *Adverb*, mit **autant ... que** beim *Verb* zu übersetzen: elle est aussi grande que lui *sie ist ebenso groß wie er*; il travaille autant que son frère *er arbeitet ebenso wie sein Bruder.* In **verneinenden** Sätzen wird **si ... que** oder **aussi ... que** beim *Adjektiv* und *Adverb*, **tant ... que** oder **autant ... que** beim Verb gebraucht: elle n'est pas si (aussi) grande que lui *sie ist nicht so groß wie er*; il ne travaille pas tant (autant) que son frère *er arbeitet nicht soviel wie sein Bruder.*

s o (s e h r) ist beim *Adjektiv* und *Adverb* mit **si**, beim *Verb* mit **tant** zu übersetzen: il faisait si chaud *es war so heiß*; nous l'avons tant aimé *wir haben ihn so sehr geliebt.*

s e h r ist vor *Adjektiven* und *Adverbien* mit **très, bien, fort**, bei *Verben* mit **beaucoup, bien, fort** zu übersetzen: il est très (bien, fort) intelligent *er ist sehr intelligent*; cela nous surprend beaucoup *dies überrascht uns sehr.*

g a n z ist mit **tout** wiederzugeben, das unverändert bleibt: je suis tout à vous *ich stehe Ihnen ganz zur Verfügung.* Nur wenn ein mit einem Konsonanten oder h aspiré beginnendes weibliches Adjektiv folgt, erhält das Adverb tout bei weiblichem Subjekt die weibliche Form: elle est toute triste *sie ist ganz traurig.*

Als **Adverbien der Verneinung** werden gebraucht:

> **ne ... pas** *nicht*
>
> **ne ... guère** *kaum* (abschwächende Verneinung)
>
> **ne ... plus** *nicht mehr*
>
> **ne ... jamais** *nie(mals)*

Zur **Stellung** wäre zu bemerken: In den *einfachen Zeiten* steht ne vor dem Verb, pas hinter diesem, in den *zusammengesetzten* Zeiten ne vor dem Hilfsverb und pas hinter diesem:

> je **ne** viens **pas** *ich komme nicht*
>
> je **ne** suis **pas** venu *ich bin nicht gekommen*

Eine Ausnahme bildet der *aktivische Infinitiv der Gegenwart*, dem beide Bestandteile der Verneinung geschlossen vorangestellt werden:

> je crains de ne pas le comprendre *ich fürchte, ihn nicht zu verstehen.*

ne ohne Ergänzungswort hat sich bis heute in den Wendungen je ne puis, je ne saurais *ich kann nicht* erhalten.

Zusätzliches ne kann stehen nach den bejahend gebrauchten Ausdrücken des Fürchtens und Verhinderns (je crains qu'il ne vienne *ich fürchte, daß er kommt*; évitez qu'on ne vous voie *vermeiden Sie, daß man Sie sieht*), nach den verneinend gebrauchten Ausdrücken des Zweifelns und Leugnens (je ne doute pas qu'il ne vienne *ich zweifle nicht, daß er kommt*; je ne nie pas que je ne sois déçu *ich leugne nicht, daß ich enttäuscht bin*), in Nebensätzen, die sich an einen nicht verneinten Komparativ anschließen (il est plus malade qu'il ne croit *er ist kränker, als er glaubt*) sowie nach den Konjunktionen avant que *bevor* und à moins que *wofern* (je partirai avant qu'il n'arrive *ich werde abreisen, bevor er eintrifft*; je le ferai, à moins que vous ne soyez d'accord *ich werde es tun, wofern Sie einverstanden sind*).

pas ohne Ergänzung findet sich in Sätzen ohne Verb:

Lui as-tu parlé? — Pas encore. *Hast du mit ihm gesprochen? — Noch nicht.*

Weitere Adverbien der Verneinung:

> **non** *nein* (beachte: dire **que** non *nein sagen*),
>
> *nicht* (non-fumeur *Nichtraucher*; il est sévère, non injuste *er ist streng, nicht ungerecht*)
>
> **ne ... que** *nur* (la maison n'avait que quatre pièces *das Haus hatte nur vier Zimmer*),
>
> *erst* (je ne viendrai qu'à six heures *ich werde erst um 6 Uhr kommen*)
>
> **ni ... ni** *weder ... noch* (il n'avait ni imperméable ni parapluie *er hatte weder Regenmantel noch Regenschirm*).

Das Zahlwort *(l'adjectif numéral)*

1. Die Grundzahlen

0 zéro [ze'ro]

1 un, une *f* [œ̃, yn]

2 deux [dø, døz‿]

3 trois [trwa, trwaz‿]

4 quatre [katr, katrɔ, kat]

5 cinq [sɛ̃k, sɛ̃]

6 six [sis, si, siz‿]

7 sept [sɛt]

8 huit [ɥit, ɥi]

9 neuf [nœf, nœv‿]

10 dix [dis, di, diz‿]

11 onze [ɔ̃:z]

12 douze [du:z]

13 treize [trɛ:z]

14 quatorze [ka'tɔrz]

15 quinze [kɛ̃:z]

16 seize [sɛ:z]

17 dix-sept [di'sɛt]

18 dix-huit [di'zɥit, di'zɥi]

19 dix-neuf [diz'nœf, diz'nœv‿]

20 vingt [vɛ̃]

21 vingt et un [vɛ̃te'œ̃]

22 vingt-deux [vɛ̃t'dø]

23 vingt-trois [vɛ̃t'trwa]

24 vingt-quatre [vɛ̃t'katrɔ]

30 trente [trɑ̃:t]

40 quarante [ka'rɑ̃:t]

50 cinquante [sɛ̃'kɑ̃:t]

60 soixante [swa'sɑ̃:t]

70 soixante-dix [swasɑ̃t'dis]

71 soixante et onze
[swasɑ̃te'ɔ̃:z]

80 quatre-vingts [katrə'vɛ̃]

81 quatre-vingt-un
[katrəvɛ̃'œ̃]

90 quatre-vingt-dix
[katrəvɛ̃'dis]

91 quatre-vingt-onze
[katrəvɛ̃'ɔ̃:z]

100 cent [sɑ̃]

101 cent un [sɑ̃'œ̃]

200 deux cents [dø'sɑ̃]

211 deux cent onze [døsɑ̃'ɔ̃:z]

1000 mille [mil]

1001 mille un [mi'lœ̃]

1002 mille deux [mil'dø]

1100 onze cents [ɔ̃z'sɑ̃]

1308 treize cent huit
[trɛzsɑ̃'ɥit]

2000 deux mille [dø'mil]

100 000 cent mille [sɑ̃'mil]

le million [mi'ljɔ̃] die Million

le milliard [mi'lja:r] die Milliarde

le billion [bi'ljɔ̃] die Billion

le trillion [tri'ljɔ̃] die Trillion

Bemerkungen:

a) Zwischen Zehner und Einer ist ein Bindestrich zu setzen: cin-quante-cinq 55 (*aber:* vingt et un, trente et un usw.).

b) In den Zahlwörtern cinq, six, huit und dix sind die Endkonso-nanten vor Wörtern, die mit einem Konsonanten beginnen, stumm (six francs [si'frã]). Vor Wörtern, die mit einem Vokal beginnen, erfolgt dagegen Bindung (cinq ans [sɛ̃'kã], six ans [si'zã], huit ans [ɥi'tã], dix ans [di'zã]).

c) Die Endkonsonanten der Zahlwörter sept und neuf werden stets gesprochen (sept livres [sɛt 'li:vrə], neuf personnes [nœf pɛr'sɔn], neuf ans [nœ'vã]).

d) Vor den Zahlwörtern huit und onze wird weder gebunden noch apostrophiert (les onze personnes [le ɔ̃:z pɛr'sɔn], le onze janvier).

e) Die Zahlwörter quatre-vingts, deux cents, trois cents usw. ver-lieren das -s, wenn noch eine weitere Zahl folgt (quatre-vingts per-sonnes — *aber:* quatre-vingt-cinq personnes; deux cents personnes — *aber:* deux cent cinquante personnes).

f) **mille** erhält nie ein -s; in Jahreszahlen schreibt man neben **mille** auch **mil** (en mil neuf cent soixante).

g) **million** ist Substantiv (männlich!) und wird an ein folgendes Sub-stantiv mit **de** angeschlossen (deux millions **de** personnes).

2. Die Ordnungszahlen

1er le premier [prə'mje] der erste

1re la première [prə'mjɛ:r] die erste

2e { le deuxième [dø'zjɛm] der zweite

la deuxième [dø'zjɛm] die zweite

le second [zgɔ̃] der zweite

la seconde [zgɔ̃:d] die zweite

3e le od. la troisième [trwa'zjɛm]

4e quatrième [katri'ɛm]

5e cinquième [sɛ̃'kjɛm]

6e sixième [si'zjɛm]

7e septième [sɛ'tjɛm]

8e huitième [ɥi'tjɛm]

9e neuvième [nœ'vjɛm]

10e dixième [di'zjɛm]

11e onzième [ɔ̃'zjɛm]

12e douzième [du'zjɛm]

13e treizième [trɛ'zjɛm]

14e quatorzième [katɔr'zjɛm]

15e quinzième [kɛ̃'zjɛm]

16e seizième [sɛ'zjɛm]

17e dix-septième [disɛ'tjɛm]

18e dix-huitième [dizɥi'tjɛm]

19e dix-neuvième [diznœ'vjɛm]

20ᵉ vingtième [vɛ̃'tjɛm]
21ᵉ vingt et unième
     [vɛ̃tey'njɛm]
22ᵉ vingt-deuxième
     [vɛ̃tdø'zjɛm]
30ᵉ trentième [trɑ̃'tjɛm]
31ᵉ trente et unième [trɑ̃tey-
     'njɛm]
40ᵉ quarantième [karɑ̃'tjɛm]
41ᵉ quarante et unième
     [karɑ̃tey'njɛm]
50ᵉ cinquantième [sɛ̃kɑ̃'tjɛm]
51ᵉ cinquante et unième
     [sɛ̃kɑ̃tey'njɛm]
60ᵉ soixantième [swasɑ̃'tjɛm]

61ᵉ soixante et unième
     [swasɑ̃tey'njɛm]
70ᵉ soixante-dixième
     [swasɑ̃tdi'zjɛm]
71ᵉ soixante et onzième
     [swasɑ̃teɔ̃'zjɛm]
80ᵉ quatre-vingtième
     [katrəvɛ̃'tjɛm]
81ᵉ quatre-vingt-unième
     [katrəvɛ̃y'njɛm]
90ᵉ quatre-vingt-dixième
     [katrəvɛ̃di'zjɛm]
91ᵉ quatre-vingt-onzième
     [katrəvɛ̃ɔ̃'zjɛm]
100ᵉ centième [sɑ̃'tjɛm]
1000ᵉ millième [mi'ljɛm]

Bemerkungen:

a) Mit Ausnahme von **le premier** und **le second** werden die Ordnungszahlen aus den Grundzahlen durch Anhängen der Silbe -**ième** gebildet (dix — le dix**ième**). Die auf ein stummes -e ausgehenden Grundzahlen stoßen das -e ab (quatre — le quatr**ième**), zu cinq bzw. neuf werden gebildet: cinquième bzw. neuvième.

b) Beachte die Aussprache von **premier** vor vokalisch anlautenden Wörtern: le premier étage [lə prə'mjɛre'ta:ʒ].

c) Für **der (die) zweite** verwendet das Französische neben le (la) deuxième (in der Aufzählung) le second, la seconde. Dieses findet sich auch in feststehenden Ausdrücken wie le second Empire *das zweite Kaiserreich*, en secondes noces *in zweiter Ehe*.

d) Abgekürzt werden die Ordnungszahlen mit Hilfe einer Ziffer (ohne Punkt!) und eines hochgestellten e (le 2ᵉ = le deuxième). Die Abkürzung für **le premier** ist le 1ᵉʳ, für la première la 1ʳᵉ, für le second le 2ⁿᵈ, für la seconde la 2ⁿᵈᵉ.

e) Man beachte, daß zur Angabe des **Datums** (außer dem Ersten eines Monats) sowie der Regenten gleichen Namens (außer dem Ersten, ohne Artikel!) die Grundzahl Verwendung findet (le premier mai, le deux mai, le trois mai; Napoléon 1ᵉʳ [premier], Napoléon III [trois]).

3. Die Bruchzahlen und Zeitangaben

$1/_2$ un demi	$1/_5$ un cinquième
$1/_3$ un tiers [tjɛːr]	$1/_6$ un sixième
$2/_3$ deux tiers	$7/_8$ sept huitièmes
$1/_4$ un quart [kaːr]	$9/_{10}$ neuf dixièmes
$3/_4$ trois quarts	$1^1/_2$ kg un kilo et demi

Quelle heure est-il?

il est six heures *es ist 6 Uhr*
il est six heures cinq *es ist 5 Minuten nach 6*
il est six heures et quart *es ist Viertel nach 6*
il est six heures vingt-cinq *es ist 5 Minuten vor halb 7*
il est six heures et demie *es ist halb 7*
il est sept heures moins vingt-cinq *es ist 5 nach halb 7*
il est sept heures moins le quart *es ist Viertel vor 7*
il est sept heures moins dix *es ist 10 Minuten vor 7*
il est sept heures précises *es ist genau 7 Uhr*

Merke:

un quart d'heure *eine Viertelstunde*
une demi-heure *eine halbe Stunde*
trois quarts d'heure *eine dreiviertel Stunde*
une heure et quart *ein und eine Viertelstunde*
une heure et demie *eineinhalb Stunden*
midi *12 Uhr mittags*
minuit *12 Uhr nachts*
trois mois ¼ *Jahr*
six mois ½ *Jahr*
neuf mois ¾ *Jahr*
quinze jours *14 Tage*
un mois *4 Wochen*

4. Die Vervielfältigungszahlen

Sie werden mit ...fois autant ...*mal soviel* bzw. ...fois de plus ...*mal mehr* gebildet (trois fois autant *dreimal soviel*; trois fois de plus *dreimal mehr*). Adjektivisch gebraucht werden die Formen simple *einfach*, double *doppelt*, triple *dreifach*, quadruple [kwaˈdryplə] *vierfach*, quintuple [kɛ̃ˈtyplə] *fünffach*, centuple *hundertfach*.

5. Die Sammelzahlen

Sie bilden weibliche Substantive mit der Endung **-aine** und sind auf die Grundzahlen 8, 10, 12 und 15, auf die nicht zusammengesetzten Zehner sowie auf die Grundzahl 100 beschränkt (une huitaine *etwa acht*, une dizaine *etwa zehn*, une douzaine *ein Dutzend*, une quarantaine *etwa vierzig*, une centaine *etwa hundert*). Das auf sie folgende Substantiv wird mit **de** angeschlossen (une cinquantaine de personnes *etwa fünfzig Personen*; des centaines de gens *Hunderte von Menschen*).

6. Die Zahladverbien

Sie werden durch Anhängen der Silbe **-ment** an die weibliche Form der Ordnungszahlen gebildet (premièrement *erstens*, deuxièmement *zweitens*, troisièmement *drittens*). Statt dessen häufiger en premier (second, troisième) lieu.

Das Pronomen *(le pronom)*

1. Das Personalpronomen

a) Die schwachtonige Form (unbetont)

Nominativ		Dativ		Akkusativ	
je	*ich*	**me**	*mir*	**me**	*mich*
tu	*du*	**te**	*dir*	**te**	*dich*
il	*er*	**lui**	*ihm*	**le**	*ihn, es*
elle	*sie*	**lui**	*ihr*	**la**	*sie*
		se	*sich*	**se**	*sich*
nous	*wir*	**nous**	*uns*	**nous**	*uns*
vous	*ihr, Sie*	**vous**	*euch, Ihnen*	**vous**	*euch, Sie*
ils	*sie*	**leur**	*ihnen*	**les**	*sie*
elles	*sie*	**leur**	*ihnen*	**les**	*sie*
		se	*sich*	**se**	*sich*

Die **Nominative** des schwachtonigen Personalpronomens stehen in der Aussage **vor**, in der Frage (mit Bindestrich angeschlossen) **hinter** dem Verb (il vient; vient-il?).

Die **Dative** und **Akkusative** treten unmittelbar **vor** das Verb, in zusammengesetzten Zeiten vor das Hilfsverb (je te donne; je t'ai donné) — ausgenommen der *bejahende* Imperativ, der die Nachstellung der starktonigen (betonten) Form des Personalpronomens verlangt (donnez-moi; aber: ne me donnez pas).

Treffen **Dativ und Akkusativ** der schwachtonigen Form vor dem Verb zusammen, so stehen die Dative **me, te, se, nous, vous** vor den Akkusativen **le, la, les**, die Akkusative **le, la, les** vor den Dativen **lui** und **leur**, die Dative **lui** und **leur** vor den Pronominaladverbien **y** *dort* (*hin*) und **en** *davon*:

Dativ		Akkusativ		Dativ		
me						
te		**le**				
se	vor	**la**	vor	**lui**	vor	**y** und **en**
nous		**les**		**leur**		
vous						

Beispiele:

on **me le** raconte *man erzählt es mir*, on **me l'**a raconté *man hat es mir erzählt*

je **le lui** rends *ich gebe es ihm zurück*, je **le lui** ai rendu *ich habe es ihm zurückgegeben*

je **lui en** parlerai *ich werde mit ihm davon sprechen*

Ausgenommen der bejahende Imperativ: donnez-le-moi (Akkusativ vor Dativ!; aber: ne me le donnez pas).

Folgt auf das konjugierte Verb ein **Infinitiv**, so stehen die Pronomen (Dativ vor Akkusativ) vor dem Infinitiv (il va te le rendre *er wird es dir zurückgeben*). Handelt es sich dagegen beim konjugierten Verb um ein solches der sinnlichen Wahrnehmung (voir, entendre, regarder, sentir) oder des Zu- bzw. Veranlassens (laisser, faire), so treten die Pronomen vor das Verb (on la fit venir *man ließ sie kommen*).

b) Die starktonige Form (betont)

Singular		Plural	
moi	*ich*	**nous**	*wir*
toi	*du*	**vous**	*ihr*
lui	*er*	**eux**	*sie*
elle	*sie*	**elles**	*sie*

Die starktonige Form wird gebraucht:

1. alleinstehend (mon frère et moi *mein Bruder und ich*)

2. nach Präpositionen (sans moi *ohne mich*)

3. zur Hervorhebung der schwachtonigen Form (moi, je l'ai fait *ich habe es getan*)

4. zum Ausdruck des Besitzverhältnisses (c'est sa voiture à lui *es ist sein Wagen*)

5. als Dativ mit à, wenn vor dem Verb die Akkusative me, te, nous, vous, se stehen (il m'a présenté à elle *er hat mich ihr vorgestellt*)

6. nach c'est und vor aussi, même, seul (c'est elle qui l'a dit *sie hat es gesagt*; il viendra, lui aussi *er wird auch kommen*; nous l'avons affirmé, nous-mêmes *wir selbst haben es behauptet*; lui seul pourrait le faire *er allein würde es machen können*).

Merke: c'est moi, c'est toi, c'est lui, c'est elle, c'est nous, c'est vous, c'est eux, c'est elles.

7. nach den bejahenden Formen des Imperativs (donnez-moi *geben Sie mir*, donnez-le-moi [Akkusativ **vor** Dativ!] *geben Sie es mir*; dagegen: ne me le donnez pas *geben Sie es mir nicht*).

c) Die Pronominaladverbien en und y

Ursprünglich Ortsadverbien (en *von dort*, y *dort[hin]*), vertreten sie heute den Genitiv (je me souviens de vos paroles *ich erinnere mich an Ihre Worte*, je m'en souviens *ich erinnere mich daran*) bzw. Dativ (je renonce à ma part *ich verzichte auf meinen Anteil*, j'y renonce *ich verzichte darauf*).

en wird gebraucht

im **örtlichen** Sinn (je viens de Paris *ich komme aus Paris*, j'en viens *ich komme von dort*);

im **übertragenen** Sinn, vorwiegend auf Sachen bezogen (nous nous occuperons de votre affaire *wir werden uns mit Ihrer Angelegenheit befassen*, nous nous en occuperons *wir werden uns damit befassen*; est-ce que vous avez des journaux italiens? *haben Sie italienische Zeitungen?* nous n'en avons pas *wir haben keine*).

y wird gebraucht

im **örtlichen** Sinn (il était dans la cave *er war im Keller*, il y était *er war dort*);

im **übertragenen** Sinn, ausschließlich auf Sachen bezogen (pensez-vous à votre promesse? *denken Sie an Ihr Versprechen?*, j'y penserai *ich werde daran denken*).

Die **Stellung** entspricht derjenigen der schwachtonigen Personalpronomen (nous en avons en magasin *wir haben davon auf Lager*, nous y renoncerons *wir werden darauf verzichten*).

2. Das Reflexivpronomen

a) Die schwachtonige Form (unbetont)

je me rappelle *ich erinnere mich*	nous nous rappelons
tu te rappelles	vous vous rappelez
il elle se rappelle	ils elles se rappellent

Wie in der 1. und 2. Person Einzahl und Mehrzahl die schwachtonigen Formen des Personalpronomens Verwendung finden, so wird auch in der 3. Person Singular und Plural die schwachtonige Form **se** gebraucht.

b) Die starktonige Form (betont)

on rentre chez **soi**   *man kehrt nach Hause zurück*

Die starktonige Form **soi** wird im allgemeinen mit Bezug auf ein **unbestimmtes Subjekt** gebraucht. Auf bestimmte Subjekte bezüglich werden **lui, elle, eux, elles** verwendet (il rentre chez lui *er geht nach Hause*, elle rentre chez elle, ils rentrent chez eux, elles rentrent chez elles).

3. Das Possessivpronomen

a) Die adjektivische Form

Singular		Plural	
männlich	weiblich	männlich	weiblich
mon frère	**ma** sœur	**mes** frères	**mes** sœurs
ton frère	**ta** sœur	**tes** frères	**tes** sœurs
son frère	**sa** sœur	**ses** frères	**ses** sœurs
sein, ihr	*seine, ihre*	*seine, ihre*	*seine, ihre*
notre frère	**notre** sœur	**nos** frères	**nos** sœurs
votre frère	**votre** sœur	**vos** frères	**vos** sœurs
euer, Ihr	*eure, Ihre*	*eure, Ihre*	*eure, Ihre*
leur frère	**leur** sœur	**leurs** frères	**leurs** sœurs
ihr	*ihre*	*ihre*	*ihre*

Die adjektivische Form des Possessivpronomens richtet sich in Geschlecht und Zahl nach dem Substantiv, vor dem sie steht. Demnach kann son livre sowohl *sein* wie *ihr Buch*, sa maison *sein* wie *ihr Haus* bedeuten. Die Pronomen **son, sa, ses** beziehen sich auf **einen** Besitzer, **leur, leurs** dagegen auf **mehrere** Besitzer (elle a perdu ses gants *sie hat ihre Handschuhe verloren*, elles ont perdu leurs gants *sie haben ihre Handschuhe verloren*).

Vor mit Vokal oder stummem h beginnenden weiblichen Substantiven und Adjektiven stehen die Formen mon, ton, son statt ma, ta, sa (mon amie *meine Freundin*).

Der **Anwendungsbereich** dieses Pronomens im Französischen deckt sich im allgemeinen mit dem in der deutschen Sprache üblichen. Eine Besonderheit liegt in der Anrede bei Verwandtschaftsgraden (oui, mon père *ja, Vater*) sowie bei militärischen Dienstgraden (oui, mon colonel *jawohl, Herr Oberst*) vor. Auch merke man sich folgende Gallizismen:

elle a donné de ses nouvelles *sie hat von sich hören lassen*

je suis à votre disposition (à vos ordres) *ich stehe Ihnen zur Verfügung (zu Diensten)*

je vais à sa rencontre *ich gehe ihm (ihr) entgegen*

c'est mon tour *ich bin an der Reihe*

elle l'aime de tout son cœur *sie liebt ihn von ganzem Herzen*

il est mon cadet (aîné) de deux ans *er ist zwei Jahre jünger (älter) als ich*

je viendrai à son secours *ich werde ihm zu Hilfe kommen*

il a fait de son mieux *er hat nach bestem Können gehandelt*

saluez monsieur votre frère de ma part *grüßen Sie Ihren Herrn Bruder von mir*

faire son plein d'essence *tanken*

battre son plein *in vollem Gange sein*

b) Die substantivische Form

Singular		Plural	
männlich	weiblich	männlich	weiblich
le mien	la mienne	les miens	les miennes
le tien	la tienne	les tiens	les tiennes
le sien	la sienne	les siens	les siennes
der seinige, ihrige	*die seinige, ihrige*	*die seinigen, ihrigen*	*die seinigen, ihrigen*
le nôtre	la nôtre	les nôtres	les nôtres
le vôtre	la vôtre	les vôtres	les vôtres
der eurige, Ihrige	*die eurige, Ihrige*	*die eurigen, Ihrigen*	*die eurigen, Ihrigen*
le leur	la leur	les leurs	les leurs

Die substantivische Form des Possessivpronomens richtet sich in Geschlecht und Zahl nach dem Substantiv, an dessen Stelle es steht (voici un stylo à bille, c'est le sien *hier ist ein Kugelschreiber, er gehört ihm* [*ihr*]).

Treten im Deutschen mehrere Possessivpronomen vor **ein** Substantiv, so steht im Französischen eines in **adjektivischer** Form vor dem Substantiv, während die anderen in substantivischer Form folgen (votre fortune et la nôtre *euer und unser Vermögen*).

4. Das Demonstrativpronomen

a) Die adjektivische Form

Singular	Plural		
m **ce** livre *dieses Buch* **cet** objet, habit [*vor Vokal und stummem h*]	**ces** *m + f*	{	livres objets, habits maisons, œuvres, heures
f **cette** maison, œuvre, heure			

Zur Unterscheidung von Näherem und Fernerem (dieser — jener) werden die Adverbien **ci** und **là** dem Substantiv durch Bindestrich angefügt (ces livres-ci *diese Bücher* — ces livres-là *jene Bücher*).

b) Die substantivische Form

Singular	Plural
m **celui** *derjenige* *f* **celle**	*m* **ceux** *diejenigen* *f* **celles**

celui wird nie alleinstehend gebraucht. Es tritt vor **Relativsätze** (celui qui l'a fait ... *derjenige, der es getan hat* ...) und vor **Genitive** (mon livre et celui de ma sœur *mein Buch und dasjenige meiner Schwester*).

celui-ci — celui-là *dieser — jener* werden wie Substantive gebraucht (celui-ci a répondu à notre lettre, celui-là n'a pas donné de ses nouvelles *dieser hat auf unser Schreiben geantwortet, jener hat nichts von sich hören lassen*).

ceci — cela *dies hier — das da*: **ceci** wird nur gebraucht, wenn die hinweisende Bedeutung besonders hervorgehoben werden soll (ceci est à moi, cela est à vous *dies gehört mir, das da Ihnen*) bzw. wenn auf Folgendes hingewiesen wird (j'ai entendu ceci ... *ich hörte folgendes* ...).

cela (umgangssprachlich **ça**) dagegen weist auf Vorangehendes hin (qu'elle ne parte pas pour l'Italie, conseillez-lui cela *sie soll nicht nach Italien fahren, raten Sie ihr das*) und steht als Subjekt vor transitiven Verben (cela nous inquiète *das beunruhigt uns*).

ce wird als Subjekt von être gebraucht (c'est une insolence *das ist eine Unverschämtheit*). Im Gegensatz zu **il** *es*, das auf Folgendes hinweist, bezieht sich **ce** auf Vorangehendes (il n'est pas juste d'exagérer comme ça es *ist nicht richtig, derart zu übertreiben*; il s'est trompé, c'est évident *er hat sich geirrt, das ist offensichtlich*). Ferner beachte man, daß vor **intransitiven** Verben als neutrales Subjekt il, vor **transitiven** Verben dagegen cela (s.o.) steht (il va sans dire que nous l'instruirons de l'incident *es ist selbstverständlich, daß wir ihn von dem Vorfall unterrichten werden*; cela me console *das tröstet mich*).

5. Das Relativpronomen

Singular			Plural		
m + f	*m*	*f*	*m + f*	*m*	*f*
qui	lequel	laquelle	qui	lesquels	lesquelles
dont	duquel	de laquelle	dont	desquels	desquelles
à qui	auquel	à laquelle	à qui	auxquels	auxquelles
que	lequel	laquelle	que	lesquels	lesquelles

Das am häufigsten gebrauchte Relativpronomen ist **qui** *der, die, das,* das sich — wie sein Genitiv **dont** und sein Akkusativ **que** — auf Personen und auf Sachen bezieht und in Geschlecht und Zahl unveränderlich ist. Nach Präpositionen wird statt que **qui** verwendet, das sich auf **Personen** bezieht (de qui *von dem,* avec qui *mit dem,* pour qui *für den,* sans qui *ohne den*); mit Bezug auf **Sachen** sagt man lequel (la ville dans laquelle *die Stadt, in welcher*).

Besondere Beachtung verdient der Genitiv **dont**, der aus lat. de unde *von woher* (Adverb!) entstanden ist. Daraus erklärt sich auch, daß nach dont die regelmäßige Wortfolge (Subjekt-Prädikat-Objekt) erhalten geblieben ist (Molière dont les comédies sont fameuses *M., dessen Lustspiele berühmt sind*; le libraire dont je suis le client *der Buchhändler, dessen Kunde ich bin*; le monsieur dont je connais le nom est malade *der Herr, dessen Namen ich kenne, ist krank*).

Das Zahl und Geschlecht unterscheidende Relativpronomen **lequel** steht

1. nach Präpositionen mit Bezug auf Sachen (les provinces dans lesquelles *die Provinzen, in welchen ...*);

2. nach parmi *unter* und entre *zwischen* mit Bezug auf Personen und Sachen (les touristes parmi lesquels *die Touristen, unter denen ...*; les parterres entre lesquels *die Beete, zwischen denen ...*);

3. wenn dem mit „dessen, deren" verbundenen Substantiv eine Präposition vorangeht (M. Bertaux avec l'associé duquel ... *Herr B., mit dessen Teilhaber ...*; la maison sur le toit de laquelle ... *das Haus, auf dessen Dach ...*);

4. zur Vermeidung von Unklarheiten (la femme de M. Bertaux laquelle viendra demain *die Frau des Herrn B., die morgen kommen wird* — „qui" wäre mehrdeutig, da es sich auch auf „M. Bertaux" beziehen könnte).

Als **neutrale Relativpronomen** werden gebraucht:

ce qui als Subjekt im Nominativ, **ce que** als Objekt im Akkusativ in der Bedeutung *das, was* und *was* (ce qui ne me plaît pas, c'est son arrogance *was mir nicht gefällt, ist seine Überheblichkeit*; nous savons ce que vous avez dit *wir wissen, was Sie gesagt haben*) sowie **quoi** (betonte Form zu que) nach Präpositionen mit Bezug auf Sachen (a-t-elle de quoi vivre? *hat sie genug zum Leben?*; il n'y a pas de quoi *keine Ursache!*).

Das beziehungslose Relativpronomen in der Bedeutung „wer" hat im Nominativ und Akkusativ die Form **qui** (qui vivra verra *wer leben wird, wird sehen*; invitez qui vous voudrez *laden Sie ein, wen Sie wollen*).

6. Das Interrogativpronomen
a) Die adjektivische Form

Singular		Plural	
männlich	weiblich	männlich	weiblich
quel?	**quelle?**	**quels?**	**quelles?**
welcher?	*welche?*	*welche?*	

Die adjektivische Form des Interrogativpronomens richtet sich in Geschlecht und Zahl nach dem zugehörigen Substantiv (quelle heure est-il? *wie spät ist es?*; quels sont vos principes? *welches sind Ihre Grundsätze?*).

b) Die substantivische Form

Nach **Personen** fragt:

qui?	*wer?* oder **qui est-ce qui?**
de qui?	*wessen? von wem?* oder **de qui est-ce que?**
à qui?	*wem?* oder **à qui est-ce que?**
qui?	*wen?* oder **qui est-ce que?**

Beispiele: qui a dit cela? *wer hat das gesagt?*; à qui est-ce que tu as dit cela? *wem hast du das gesagt?*

Nach **Sachen** fragt:

qu'est-ce qui? *was?*	
de quoi? *wovon?* oder **de quoi est-ce que?**	
à quoi? *wozu? woran?* oder **à quoi est-ce que?**	
que? *was?* oder **qu'est-ce que?**	

Beispiele: qu'est-ce qui est impossible? *was ist unmöglich?*; que fais-tu? *was machst du?*; qu'est-ce que je vous disais? *was habe ich Ihnen gesagt?*

Ebenfalls nach Sachen fragt die betonte Form **quoi?**, alleinstehend sowie nach Präpositionen (quoi? vous ne le connaissez pas? *was? Sie kennen ihn nicht?*; à quoi penses-tu? *woran denkst du?*)

Nach **Personen und Sachen** fragt aus einer begrenzten Anzahl **lequel?**, dessen Formen denen des Relativpronomens lequel (s. S. 47) entsprechen (lequel de ces messieurs est étranger? *welcher dieser Herren ist Ausländer?*; laquelle de ces deux propositions vous plaît? *welcher dieser beiden Vorschläge sagt Ihnen zu?*)

7. Das unbestimmte Pronomen

a) adjektivisch gebrauchte Formen

chaque *jeder, jeder einzelne* (chaque client *jeder einzelne Kunde*, chaque question *jede einzelne Frage*)

différent, e ⎱ *verschieden* (différents livres *verschiedene Bücher*,
divers, e ⎰ diverses propositions *verschiedene Vorschläge*)

maint, e *mancher* (à maintes reprises *zu wiederholten Malen*)

plusieurs *mehrere* (plusieurs villes *mehrere Städte*)

quelque *irgendein* (quelque touriste *irgendein Reisender*, quelques touristes *einige Reisende*)

quelconque *irgendein beliebiger* (un projet quelconque *irgendein beliebiger Plan*)

b) substantivisch gebrauchte Formen

chacun, e *jeder, jeder einzelne* (chacun des douaniers *jeder der Zollbeamten*, chacune des questions *jede der Fragen*)

ne ... personne *niemand* (personne n'est venu *niemand ist gekommen*, je n'ai vu personne *ich habe niemanden gesehen*)

ne ... rien *nichts* (rien n'est réglé *nichts ist erledigt*; il ne sait rien *er weiß nichts*)

on (nach *si* häufig *l'on*) *man*, in der Umgangssprache oft anstelle von *nous* gebraucht (on refusera für nous refuserons *man wird ablehnen* im Sinne von *wir werden ablehnen*)

quelqu'un
quelqu'une
quelques-uns
quelques-unes | *jemand* (quelqu'un l'a vue *jemand hat sie gesehen*, quelques-uns étaient venus *einige waren gekommen*) *einige*

quelque chose *etwas* (nous savons quelque chose de nouveau *wir wissen etwas Neues*)

quiconque *wer auch* (*immer*) (quiconque a commis ce crime *wer auch dies Verbrechen begangen haben mag*)

qui que *wer auch* (*immer*) (qui que ce soit *wer es auch sei*)

quoi que *was auch* (*immer*) (quoi que vous fassiez *was Sie auch tun mögen*)

quel que *welcher auch* (*immer*) (quels que soient vos projets *welches auch Ihre Pläne sein mögen*)

l'un(e) l'autre *einander, gegenseitig* (ils se sont haïs l'un l'autre *sie haben sich gegenseitig gehaßt*)

l'un(e) et l'autre (*beide*) (l'un et l'autre ont affirmé *beide haben behauptet*)

c) adjektivisch und substantivisch gebrauchte Formen

aucun, e *keiner, nicht ein einziger* (aucun client n'est venu *kein Kunde ist gekommen*; je n'ai vu aucun client *ich habe keinen Kunden gesehen*; combien d'amis as-tu rencontrés? — Aucun. *Wie viele Freunde hast du getroffen? — Keinen.*)

autre *anderer, noch ein* (un autre restaurant *ein anderes, noch ein Restaurant*; d'autres restaurants *andere Restaurants*; d'autres sont venus *andere sind gekommen*; quelqu'un d'autre *jemand anders*); autre bleibt unübersetzt in der Wendung nous autres Français *wir Franzosen*.

certain, e *ein gewisser* (un certain sourire [Sagan] *ein gewisses Lächeln*; certains sont d'avis ... *gewisse Leute sind der Ansicht* ...)

même *selbst* (ce sont les mêmes propositions *es sind dieselben, die gleichen Vorschläge*; il reste toujours le même *er bleibt immer derselbe*; lui-même *er selbst*, elle-même *sie selbst*, eux-mêmes *sie selbst*, elles-mêmes *sie selbst*; même [Adverb!] les Français *sogar die Franzosen*)

tel, le *solcher, so ein* (une telle bêtise *so eine Dummheit*; des projets tels que ... *Pläne wie zum Beispiel*; Monsieur un tel *Herr Soundso*)

tout, -e *jeder, ganz* **tous** (*m/pl.*), **toutes** (*f/pl.*) *alle, alles* (zum Ausdruck der Gesamtheit)	(tout village *jedes Dorf*, toute ville *jede Stadt*; tout le village *das ganze Dorf*, toute la ville *die ganze Stadt*; tous les villages *alle Dörfer*, toutes les villes *alle Städte*; tout est prêt *alles ist bereit*; tous [tus] *m/pl.*, toutes [tut] *f/pl.* ont ri *alle haben gelacht*; elle était tout [Ad- verb!] épatée *sie war ganz sprachlos*, aber: elle était toute perplexe *sie war ganz verlegen*)

Die Präpositionen *(les prépositions)*

Alle französischen Präpositionen regieren den Akkusativ. Die gebräuchlichsten sind:

à

räumlich in der Bedeutung *nach, in, auf, bei*:

aller à Paris *nach Paris fahren*
être à Paris *in Paris sein*
être à la campagne, à la gare, à la terrasse, au travail *auf dem
Lande, dem Bahnhof, der Terrasse, bei der Arbeit sein*
les Autrichiens furent battus à Austerlitz *die Österreicher wurden
bei Austerlitz geschlagen*

zeitlich in der Bedeutung *in, um, zu, bei, bis*:

au printemps *im Frühling* (aber: en été, en automne, en hiver)
à huit heures *um acht Uhr*
à Pâques *zu Ostern*
à son arrivée *bei seiner Ankunft*
de 1945 à 1950 *von 1945 bis 1950*

übertragen in der Bedeutung *mit, nach, für*:

à bras ouverts *mit offenen Armen*
à votre aise *nach Ihrem Belieben*
pas à pas *Schritt für Schritt*

à cause de *wegen* (à cause de la chaleur *wegen der Hitze*)
à côté de *neben* (à côté de ma sœur *neben meiner Schwester*)
à défaut de *mangels* (à défaut de preuve *mangels Beweises*)
à partir de *ab, von ... an* (à partir de ce jour *ab heute*)
après *nach*: räumlich (après la chambre à coucher vous entrez dans
la salle de bains *nach dem Schlafzimmer kommen Sie in das Bade-
zimmer*) und zeitlich (après sept heures *nach sieben Uhr*)

à travers *quer durch* (à travers le désert *quer durch die Wüste*)

au-delà de *jenseits* (au-delà des frontières *jenseits der Grenzen*)

au-dessous de *unter(halb)* (au-dessous de zéro *unter Null*)

au-dessus de *oberhalb, über* (au-dessus de la mer *über dem Meeresspiegel*)

au lieu de *anstatt* (au lieu de la conférence *anstatt des Vortrages*)

au milieu de *inmitten* (au milieu de la foule *inmitten der Menge*)

auprès de (*dicht*) *bei* (auprès de la gare *beim Bahnhof,* auprès de son frère *bei seinem Bruder*)

autour de *um ... herum* (autour de la table *um den Tisch herum*)

avant

    zeitlich in der Bedeutung *vor*:

    il est venu avant sept heures *er ist vor sieben Uhr gekommen.*

    „vor" ist jedoch mit **il y a** zu übersetzen, wenn es sich um die Bezeichnung eines **verflossenen** Zeitpunktes handelt, der von der **Gegenwart** aus gesehen wird: je l'ai vue il y a dix jours *ich habe sie vor zehn Tagen gesehen* (aber: je ne la verrai pas avant dix jours *ich werde sie nicht vor zehn Tagen sehen*)

    übertragen zur Bezeichnung der Reihenfolge:

    où est la mairie? C'est le dernier édifice avant les jardins *wo ist das Rathaus? — Es ist das letzte Gebäude vor den Anlagen*

avec *mit* (couper avec un couteau *mit einem Messer schneiden*)

chez

aus lat. casa *Haus* entstanden, kommt chez nur bei Personen in der Bedeutung *bei, von, zu* vor:

    il est chez le dentiste *er ist beim Zahnarzt*

    il vient de chez le dentiste *er kommt vom Zahnarzt*

    il va chez le dentiste *er geht zum Zahnarzt*

    chez lui (elle) *bei ihm (ihr) zu Hause*

    chez Molière *bei Molière*

contre *gegen, wider* (contre le mur *gegen die Wand,* contre le bon sens [sǎ:s] *gegen den gesunden Menschenverstand*)

dans

    räumlich in der Bedeutung *in, auf*:

    être dans la cuisine *in der Küche sein*

    entrer dans la cuisine *in die Küche gehen*

    dans la rue *auf der Straße*

zeitlich in der Bedeutung *in, innerhalb von, nach Ablauf von*: je me présenterai dans le courant du mois *ich werde mich im Laufe des Monats melden*; il a promis d'être de retour dans trois jours *er hat versprochen, in drei Tagen zurück zu sein*

übertragen in der Bedeutung *in, aus*:
être dans un grand danger *in großer Gefahr sein*
boire dans un verre *aus einem Glas trinken*
prendre qch. dans le tiroir *etwas aus dem Schubfach nehmen*
aller chercher qch. dans la chambre *etwas aus dem Zimmer holen*

d'après *nach, gemäß* (d'après les prescriptions de la loi *nach den Bestimmungen des Gesetzes*)

de

    räumlich in der Bedeutung *von, aus, bei*:
il vient d'arriver de la foire d'automne *er ist gerade von der Herbstmesse gekommen*
je viens de Paris *ich komme aus Paris*
la bataille de Leipzig *die Schlacht bei Leipzig*

    zeitlich in der Bedeutung *bei, zu, in, von*:
de jour et de nuit *bei Tag und bei Nacht*
de mon temps *zu meiner Zeit*
de nos jours *in unseren Tagen*
de lundi à vendredi *von Montag bis Freitag*

    übertragen in der Bedeutung *von, auf, mit, vor*:
aimer de tout son cœur *von ganzem Herzen lieben*
de cette manière *auf diese Weise*
être fier [fjɛːr] de qch. *auf etwas stolz sein*
manger de bon appétit *mit gutem Appetit essen*
trembler de peur *vor Angst zittern*

depuis *seit* (depuis le premier mai *seit dem ersten Mai*)
derrière *hinter* (derrière le mur *hinter der Mauer*)
dès *seit, von ... an* (dès demain *von morgen an*)
devant *vor* (devant la porte *vor der Tür*)

en

    räumlich in der Bedeutung *in* (Substantiv *ohne* Artikel!):
en France *in Frankreich*
en ville — en province *in der Stadt — in der Provinz*
en route *unterwegs*

zeitlich in der Bedeutung *in, innerhalb von*:
en été, automne *im Sommer, Herbst*
en dix jours *in zehn Tagen*

übertragen in der Bedeutung *in, an, bei*:
en toute hâte *in aller Eile*
en secret *im geheimen*
en vie *am Leben*
en plein jour *am hellen Tage*
en musique *bei Musik*

en dépit de *trotz* (en dépit de nos scrupules *trotz unserer Bedenken*)

en face de *gegenüber* (en face de l'église *gegenüber der Kirche*)

entre *zwischen, unter* [zweien oder mehreren derselben Gemeinschaft, die miteinander in Verbindung stehen]:

des pourparlers entre les deux ministres *Besprechungen zwischen den beiden Ministern*

c'est l'usage entre nous *das ist unter uns so üblich*

envers *gegen* [zum Ausdruck der moralischen Haltung]: être poli, grossier, ingrat envers q. *gegen jemanden höflich, grob, undankbar sein*

excepté *außer* [ausschließend] (tous [tus] avaient comparu, excepté la prévenue *alle waren erschienen außer der Angeklagten*)

faute de *mangels, in Ermangelung* (faute de mieux *in Ermangelung eines Besseren*)

grâce à *dank* (grâce à votre bienveillance *dank Ihrem Entgegenkommen*)

hors de *außer(halb)* (hors de la ville *außerhalb der Stadt*; übertragen in: être hors de danger *außer Gefahr sein*)

jusque *bis* (jusqu'à l'aéroport *bis zum Flughafen*; zeitlich in: jusqu'à trois heures *bis drei Uhr*)

le long de *längs, am ... entlang* (une promenade le long du lac *ein Spaziergang am See entlang*)

malgré *trotz* (malgré tous les efforts *trotz aller Bemühungen*)

outre *außer* [einschließend] (outre ses romans, Victor Hugo a composé quelques drames *außer seinen Romanen hat Victor Hugo einige Dramen geschrieben*)

par

räumlich in der Bedeutung *durch, über*:
nous allons passer par Lille *wir werden über Lille fahren*

zeitlich in der Bedeutung *in, an, bei*:
par une belle nuit d'été *in einer schönen Sommernacht*
par un beau jour de printemps *an einem schönen Frühlingstag*
par le temps qu'il fait *bei diesem Wetter*

übertragen in der Bedeutung *aus, mit*:
regarder par la fenêtre *aus dem Fenster schauen*
aller par le métro *mit der Metro fahren*
par le même courrier *mit gleicher Post*

parmi (*mitten*) *unter, zwischen* [mehreren, ohne Verbindung miteinander]: nous l'avons trouvé parmi les blessés *wir haben ihn unter den Verletzten gefunden*
parmi eux il y a beaucoup d'étrangers *unter ihnen sind viele Ausländer*

pendant *während* (pendant les vacances *während der Ferien*)

pour

räumlich in der Bedeutung *nach*:
partir pour Paris *nach Paris abreisen*
s'embarquer pour l'Australie *sich nach Australien einschiffen*
les touristes pour Nice *die Reisenden nach Nizza*

übertragen in der Bedeutung *für, wegen, aus*:
un film pour enfants *ein Film für Kinder*
nous l'estimons pour sa sincérité *wir schätzen ihn wegen seiner Aufrichtigkeit*
pour quelle raison *aus welchem Grund*

près de *nahe bei* (près de l'Opéra *nahe bei der Oper*)

quant à *was ... betrifft* (quant aux prix *was die Preise betrifft*)

sans *ohne* (sans aucune raison *ohne irgendeinen Grund*)

sauf *außer* [ausschließend] (il a tout acheté, sauf les outils [u'ti] *er hat alles gekauft außer den Werkzeugen*)

selon *entsprechend, gemäß* (selon les lois *entsprechend den Gesetzen*)

sous *unter* (sous les arbres *unter den Bäumen*)

suivant *gemäß, nach* (suivant les règles *nach den Regeln*)

sur

> **räumlich** in der Bedeutung *auf, über, an*:
> mettre qch. sur la table *etwas auf den Tisch legen*
> sur les toits de Paris *über den Dächern von Paris*
> Vienne est située sur le Danube *Wien liegt an der Donau*
> la maison est située sur la route *das Haus liegt an der Straße*
> la chambre donne sur la cour *das Zimmer liegt nach dem Hof*
>
> **übertragen** in Redewendungen wie:
> juger sur l'apparence *nach dem Äußeren urteilen*
> retenir sur le traitement *vom Gehalt abziehen*
> être sur le départ *im Begriff sein, abzureisen*
> sur toutes choses *vor allem*
> se venger sur quelqu'un *sich an jemandem rächen*

vers

> **räumlich** in der Bedeutung *gegen, nach* zur Bezeichnung der Richtung:
> il se tourna vers elle *er wandte sich ihr zu*
> vers l'ouest *gegen Westen, westwärts*
>
> **zeitlich** in der Bedeutung *gegen*:
> vers les six heures *gegen sechs Uhr*

Die Konjunktionen *(les conjonctions)*

Beiordnende Konjunktionen verbinden zwei gleichartige Satzteile oder Sätze, **unterordnende** Konjunktionen Haupt- und Nebensätze.

1. Beiordnende Konjunktionen

aussi *daher* [am Satzanfang, mit Inversion] (il faisait très mauvais temps; aussi retourna-t-il sur-le-champ *es war sehr schlechtes Wetter; daher kehrte er auf der Stelle um*)

car *denn* (il faut que je proteste, car vous avez tort *ich muß protestieren, denn Sie haben unrecht*)

cependant *dennoch* (il n'a pas commis le fait; cependant on l'en accuse *er hat die Tat nicht begangen; dennoch beschuldigt man ihn dessen*)

c'est pourquoi *deshalb* (il est malade; c'est pourquoi il n'a pas répondu à votre lettre *er ist krank; deshalb hat er auf Ihren Brief nicht geantwortet*)

donc [dɔ̃, dɔ̃:k] *also, folglich* (il n'est pas venu; donc il est déjà parti *er ist nicht gekommen; also ist er schon abgereist*)

d'une part ... d'autre part *einerseits ... andererseits* (d'une part j'en suis fâché, d'autre part je m'y étais attendu *einerseits tut es mir leid, andererseits war ich darauf gefaßt*)

et *und* (les repas sont de bon goût et copieux *die Mahlzeiten sind schmackhaft und reichhaltig*)

et ... et *sowohl ... als auch* (et les étrangers et les habitants du pays ... *sowohl die Fremden als auch die Einheimischen* ...)

mais *aber* (il est riche, mais mécontent *er ist reich, aber unzufrieden*)

néanmoins *nichtsdestoweniger, trotzdem* (il est pauvre; néanmoins il est content *er ist arm und trotzdem zufrieden*)

ni ... ni *weder ... noch* [mit ne vor dem Verb!] (elle n'est ni jolie ni intelligente *sie ist weder hübsch noch intelligent*)

non seulement ... mais encore (oder: **mais aussi**) *nicht nur ... sondern auch* (il est non seulement bête, mais encore arrogant *er ist nicht nur dumm, sondern auch überheblich*)

or *nun, folglich* (il ne pouvait arriver à ses fins; or il est parti *er konnte sich nicht durchsetzen; folglich ist er abgefahren*)

ou (bien) *oder (auch)* (nous viendrons vous voir demain ou [bien] après-demain *wir werden Sie morgen oder [auch] übermorgen besuchen*)

ou ... ou *entweder ... oder* (ou il se décide à venir, ou il perd ses droits *entweder er entschließt sich zu kommen, oder er geht seiner Rechte verlustig*)

par conséquent *infolgedessen* (les ouvriers font grève; par conséquent, nous ne pouvons vous fournir les marchandises *die Arbeiter streiken; infolgedessen können wir Sie nicht beliefern*)

par contre *dagegen, andererseits* (s'il est pauvre, par contre il est généreux *wenn er auch arm ist, so ist er doch andererseits freigebig*)

pour cette raison *deshalb* (elle est en voyage; pour cette raison elle ne peut accepter votre invitation *sie ist auf Reisen; deshalb kann sie Ihrer Einladung nicht Folge leisten*)

pourtant *dennoch, trotzdem* (il est maladif; pourtant il a promis de venir *er ist kränklich; trotzdem hat er versprochen zu kommen*)

soit ... soit *sei es ... sei es* (soit lundi, soit mardi, nous viendrons en tout cas *sei es Montag, sei es Dienstag, auf jeden Fall werden wir kommen*)

tantôt ... tantôt *bald ... bald* (il est tantôt de bonne humeur, tantôt de mauvaise humeur *er ist bald guter, bald schlechter Laune*)

2. Unterordnende Konjunktionen

à condition que *unter der Bedingung, daß* [mit Konjunktiv] (je viendrai, à condition que vous soyez à la maison *ich werde kommen unter der Bedingung, daß Sie zu Hause sind*)

à moins que ne *wofern nicht* [mit Konjunktiv] (nous viendrons demain, à moins que vous ne retiriez votre invitation *wir werden morgen kommen, wofern ihr nicht absagt*)

afin que **pour que**	*damit* [mit Konjunktiv]	(je vous donne cette lettre, afin que vous la traduisiez *ich gebe Ihnen diesen Brief, damit Sie ihn übersetzen*)
ainsi que **de même que**	*ebenso wie, wie auch*	(la ferme fut détruite par l'incendie ainsi que les étables *das Gutshaus wurde ebenso wie die Stallungen durch das Feuer zerstört*)

après que *nachdem* (après qu'il nous eut écrit cette lettre, nous renonçâmes à sa collaboration *nachdem er uns diesen Brief geschrieben hatte, verzichteten wir auf seine Mitarbeit*)

aussitôt que **dès que**	*sobald (als)*	(nous partirons aussitôt qu'il nous aura écrit *wir werden abreisen, sobald er uns geschrieben hat* [beachte Tempus!])

avant que *bevor* [mit Konjunktiv] (les oiseaux chantent avant qu'il fasse jour *die Vögel singen, bevor es Tag wird*)

bien que **quoique**	*obwohl, obgleich* [mit Konjunktiv]	(bien qu'elle soit pauvre, elle est toujours contente *obwohl sie arm ist, ist sie stets zufrieden*)

comme *da* [begründend], *so wie* [vergleichend] (comme il faisait mauvais temps, nous sommes revenus *da es schlechtes Wetter war, kehrten wir um*; fais comme tu voudras *mach so, wie du willst*)

de façon que **de manière que** **de sorte que**	*so daß*	[mit Konjunktiv, wenn Wunsch oder Absicht ausgedrückt wird] (écrivez de façon que je puisse lire votre demande *schreiben Sie so, daß ich Ihr Gesuch lesen kann*)

depuis que *seit, seitdem* (depuis qu'il est chez nous, il est content *seit er bei uns ist, ist er zufrieden*)

jusqu'à ce que
en attendant que } *bis* [mit Konjunktiv] (attendez jusqu'à ce que je sois de retour *warten Sie, bis ich zurück bin*)

lorsque *als* (nous étions étonnés lorsqu'il retourna *wir waren erstaunt, als er unerwartet zurückkam*)

parce que *weil* (il n'est pas parti parce qu'il tomba malade *er ist nicht abgereist, weil er krank wurde*)

pendant que *während* (nous allons nous promener pendant qu'il travaille *wir machen einen Spaziergang, während er arbeitet*)

pourvu que *vorausgesetzt, daß* [mit Konjunktiv] (je viendrai demain, pourvu que vous ne soyez pas déjà parti *ich werde morgen kommen, vorausgesetzt, daß Sie nicht bereits abgereist sind*)

puisque *da ja* (je suis plein d'assurance, puisque j'ai raison *ich bin voller Zuversicht, da ich ja im Recht bin*)

quand *als, wenn* (j'étais déjà là quand il arriva *ich war bereits da, als er ankam*; quand il fera beau temps, nous allons faire une excursion *wenn* [zeitlich!] *es schönes Wetter ist, wollen wir einen Ausflug machen*)

quand même *selbst wenn* (il n'est pas en état de le faire, quand même il le voudrait *er ist nicht in der Lage, es zu tun, selbst wenn er es wollte*)

que *daß* (je sais que vous avez raison *ich weiß, daß Sie recht haben*)
als [nach einem Komparativ] (il est plus jeune que moi *er ist jünger als ich*)
[relativisch] (un jour que ... *eines Tages als ...*)
[zeitlich] (à peine M. Bernard fut-il arrivé, qu'il nous téléphona *kaum war Herr B. angekommen, als er uns anrief*)
ob ... oder ob [einräumend] (qu'il veuille ou qu'il ne veuille pas ... *ob er will oder nicht ...*)

sans que *ohne daß* [mit Konjunktiv] (il ne le fera pas sans qu'il nous en mette au courant *er wird es nicht tun, ohne daß er uns davon in Kenntnis setzt*)

selon que *je nachdem, in dem Maße wie* (nous allons satisfaire à votre demande selon qu'il nous sera possible *wir werden Ihrem Gesuch entsprechen, je nachdem es uns möglich sein wird*)

si *wenn, falls, ob* [mit Indikativ!] (si j'étais à votre place, je m'excuserais *wenn ich an Ihrer Stelle wäre, würde ich absagen*)

tandis que *während* [oft einen Gegensatz ausdrückend] (nous travaillons, tandis qu'elle bat sa flemme *wir arbeiten, während sie faulenzt*)

tant que *solange* (tant que nous pourrons, nous vous aiderons *solange wir können, werden wir Sie unterstützen*)

Das Verb *(le verbe)*

I. Die Konjugation des Verbs

1. avoir *haben*   **être** *sein*

Indikativ (indicatif)

Präsens (présent)

j'ai *ich habe*	je suis *ich bin*
tu as	tu es
il (elle) a	il (elle) est
nous avons	nous sommes
vous avez	vous êtes
ils (elles) ont	ils (elles) sont

Imperfekt (imparfait)

j'avais *ich hatte*	j'étais *ich war*
tu avais	tu étais
il avait	il était
nous avions	nous étions
vous aviez	vous étiez
ils avaient	ils étaient

Historisches Perfekt (passé simple)

j'eus *ich hatte, ich bekam*	je fus *ich war, ich wurde*
tu eus	tu fus
il eut	il fut
nous eûmes	nous fûmes
vous eûtes	vous fûtes
ils eurent	ils furent

Futur I (futur)

j'aurai *ich werde haben*	je serai *ich werde sein*
tu auras	tu seras
il aura	il sera
nous aurons	nous serons
vous aurez	vous serez
ils auront	ils seront

Konditional I (conditionnel présent)

j'aurais *ich würde haben*   je serais *ich würde sein*
tu aurais   tu serais
il aurait   il serait
nous aurions   nous serions
vous auriez   vous seriez
ils auraient   ils seraient

Perfekt (passé composé)

j'ai eu *ich habe gehabt*   j'ai été *ich bin gewesen*
tu as eu   tu as été
il a eu   il a été
nous avons eu   nous avons été
vous avez eu   vous avez été
ils ont eu   ils ont été

Plusquamperfekt I (plus-que-parfait)

j'avais eu *ich hatte gehabt*   j'avais été *ich war gewesen*
tu avais eu   tu avais été
il avait eu   il avait été
nous avions eu   nous avions été
vous aviez eu   vous aviez été
ils avaient eu   ils avaient été

Plusquamperfekt II (passé antérieur)

j'eus eu *ich hatte gehabt*   j'eus été *ich war gewesen*
tu eus eu   tu eus été
il eut eu   il eut été
nous eûmes eu   nous eûmes été
vous eûtes eu   vous eûtes été
ils eurent eu   ils eurent été

Futur II (futur antérieur)

j'aurai eu *ich werde gehabt haben*   j'aurai été *ich werde gewesen sein*
tu auras eu   tu auras été
il aura eu   il aura été
nous aurons eu   nous aurons été
vous aurez eu   vous aurez été
ils auront eu   ils auront été

Konditional II (conditionnel passé)

j'aurais eu *ich würde gehabt haben*   j'aurais été *ich würde gewesen sein*
tu aurais eu   tu aurais été
il aurait eu   il aurait été

nous aurions eu   nous aurions été
vous auriez eu   vous auriez été
ils auraient eu   ils auraient été

Konjunktiv (subjonctif)

Präsens (présent)

que j'aie *daß ich habe*   que je sois *daß ich sei*
que tu aies   que tu sois
qu'il ait   qu'il soit
que nous ayons   que nous soyons
que vous ayez   que vous soyez
qu'ils aient   qu'ils soient

Imperfekt (imparfait)

que j'eusse *daß ich hätte*   que je fusse *daß ich wäre*
que tu eusses   que tu fusses
qu'il eût   qu'il fût
que nous eussions   que nous fussions
que vous eussiez   que vous fussiez
qu'ils eussent   qu'ils fussent

Perfekt (passé composé)

que j'aie eu *daß ich gehabt habe*   que j'aie été *daß ich gewesen sei*
que tu aies eu usw.   que tu aies été usw.

Plusquamperfekt (plus-que-parfait)

que j'eusse eu *daß ich gehabt hätte*   que j'eusse été *daß ich gewesen
                                           wäre*
que tu eusses eu usw.   que tu eusses été usw.

Infinitiv (infinitif):   **présent**

avoir *haben*   être *sein*

               passé

avoir eu *gehabt haben*   avoir été *gewesen sein*

Imperativ (impératif):

aie *habe*   sois *sei*
ayons   soyons
ayez   soyez

Partizip (participe):   **présent**

ayant *habend*   étant *seiend*

               passé

ayant eu *gehabt habend*   ayant été *gewesen seiend*

2. Die regelmäßigen Verben auf -er, -ir, -re

Regeln für die Ableitung der Verbformen

Es werden abgeleitet

vom **Infinitiv**	die meisten Formen des **Futurs** (durch Anfügen der Präsensformen von avoir) und des **Konditionals** (durch Anfügen der verkürzten Imperfektformen von avoir):

ils fini**ront**   < finir + **ont**
sie werden beenden   *sie haben zu beenden*

ils fini**raient**   < finir + [av]**aient**
sie würden beenden   *sie hatten zu beenden*

von der **1. Person Plural Präsens**	sämtliche Formen des **Imperfekts** und das **Partizip Präsens**:

ils fini**ssaient** }
      fini**ssant** }   < nous fini**ssons**

von der **3. Person Plural Präsens**	sämtliche Formen des **Präsens Konjunktiv**: qu'ils fini**ssent** < ils fini**ssent**

von der **2. Person Singular des Historischen Perfekts**	sämtliche Formen des **Imperfekts Konjunktiv**: qu'ils fini**ssent** < tu fini**s**

Indikativ (indicatif)

Präsens (présent)

je donne *ich gebe*	je finis *ich beende*	je romps *ich breche*
tu donnes	tu finis	tu romps
il (elle) donne	il (elle) finit	il (elle) rompt
nous donnons	nous finissons	nous rompons
vous donnez	vous finissez	vous rompez
ils (elles) donnent	ils (elles) finissent	ils (elles) rompent

Imperfekt (imparfait)

je donnais *ich gab*	je finissais *ich beendete*	je rompais *ich brach*
tu donnais	tu finissais	tu rompais
il donnait	il finissait	il rompait
nous donnions	nous finissions	nous rompions
vous donniez	vous finissiez	vous rompiez
ils donnaient	ils finissaient	ils rompaient

Historisches Perfekt (passé simple)

je donn**ai** *ich gab*	je fin**is** *ich beendete*	je romp**is** *ich brach*
tu donn**as**	tu fin**is**	tu romp**is**
il donn**a**	il fin**it**	il romp**it**
nous donn**âmes**	nous fin**îmes**	nous romp**îmes**
vous donn**âtes**	vous fin**îtes**	vous romp**îtes**
ils donn**èrent**	ils fin**irent**	ils romp**irent**

Futur I (futur)

je donn**erai** *ich werde geben*	je fin**irai** *ich werde beenden*	je romp**rai** *ich werde brechen*
tu donn**eras**	tu fin**iras**	tu romp**ras**
il donn**era**	il fin**ira**	il romp**ra**
nous donn**erons**	nous fin**irons**	nous romp**rons**
vous donn**erez**	vous fin**irez**	vous romp**rez**
ils donn**eront**	ils fin**iront**	ils romp**ront**

Konditional I (conditionnel présent)

je donn**erais** *ich würde geben*	je fin**irais** *ich würde beenden*	je romp**rais** *ich würde brechen*
tu donn**erais**	tu fin**irais**	tu romp**rais**
il donn**erait**	il fin**irait**	il romp**rait**
nous donn**erions**	nous fin**irions**	nous romp**rions**
vous donn**eriez**	vous fin**iriez**	vous romp**riez**
ils donn**eraient**	ils fin**iraient**	ils romp**raient**

Perfekt (passé composé)

j'ai donné, fini, rompu *ich habe gegeben, beendet, gebrochen*
tu as donné, fini, rompu usw.

Plusquamperfekt I (plus-que-parfait)

j'avais donné, fini, rompu *ich hatte gegeben, beendet, gebrochen*
tu avais donné, fini, rompu usw.

Plusquamperfekt II (passé antérieur)

j'eus donné, fini, rompu *ich hatte gegeben, beendet, gebrochen*
tu eus donné, fini, rompu usw.

Futur II (futur antérieur)

j'aurai donné, fini, rompu *ich werde gegeben, beendet, gebrochen haben*

tu auras donné, fini, rompu usw.

Konditional II (conditionnel passé)

j'aurais donné, fini, rompu *ich würde gegeben, beendet, gebrochen haben*

tu aurais donné, fini, rompu usw.

Konjunktiv (subjonctif)

Präsens (présent)

que je donne *daß ich gebe*	que je finisse *daß ich beende*	que je rompe *daß ich breche*
que tu donnes	que tu finisses	que tu rompes
qu'il donne	qu'il finisse	qu'il rompe
que nous donnions	que nous finissions	que nous rompions
que vous donniez	que vous finissiez	que vous rompiez
qu'ils donnent	qu'ils finissent	qu'ils rompent

Imperfekt (imparfait)

que je donnasse *daß ich gäbe*	que je finisse *daß ich beendete*	que je rompisse *daß ich bräche*
que tu donnasses	que tu finisses	que tu rompisses
qu'il donnât	qu'il finît	qu'il rompît
que nous donnas-sions	que nous finissions	que nous rompissions
que vous donnassiez	que vous finissiez	que vous rompissiez
qu'ils donnassent	qu'ils finissent	qu'ils rompissent

Perfekt (passé composé)

que j'aie donné, fini, rompu *daß ich gegeben, beendet, gebrochen habe*

que tu aies donné, fini, rompu usw.

Plusquamperfekt (plus-que-parfait)

que j'eusse donné, fini, rompu *daß ich gegeben, beendet, gebrochen hätte*

que tu eusses donné, fini, rompu usw.

Infinitiv (infinitif): présent

donner *geben*   finir *beenden*   rompre *brechen*
                passé
avoir donné, fini, rompu *gegeben, beendet, gebrochen haben*

Imperativ (impératif):

donne *gib*	finis *beende*	romps *brich*
donnons	finissons	rompons
donnez	finissez	rompez

Partizip (participe): présent

donnant *gebend*   finissant *beendend*   rompant *brechend*
                passé
ayant donné, fini, rompu *gegeben, beendet, gebrochen habend*

3. Orthographische Veränderungen bei einigen Verben auf -er

a) Auf -cer endende Verben verändern zur Erhaltung des s-Lautes vor Endungen, die mit a oder o beginnen, c in ç:

nous commençons	*wir beginnen*
je commençai	*ich begann*
tu commenças	*du begannst*
il commença	*er begann*

b) Auf -ger endende Verben fügen zur Erhaltung des weichen ʒ-Lautes des Infinitivs vor Endungen, die mit a oder o beginnen, ein stummes e ein:

nous mangeons	*wir essen*
je mangeai	*ich aß*
tu mangeas	*du aßest*
il mangea	*er aß*

c) Verben mit **stummem e** in der letzten Stammsilbe verwandeln das stumme e [ə] in den stammbetonten Formen des Präsens — auch im Futur und Konditional — in offenes e [ɛ]. Die Schreibung trägt dieser Lautwandlung Rechnung entweder durch Akzentsetzung (è) oder durch Verdoppelung des l bzw. t **(ll, tt)**:

je me lève *ich erhebe mich*	nous nous levons
tu te lèves	vous vous levez
il se lève	ils se lèvent

j'appelle *ich rufe*	nous appelons
tu appelles	vous appelez
il appelle	ils appellent
je jette *ich werfe*	nous jetons
tu jettes	vous jetez
il jette	ils jettent

Man beachte jedoch, daß einige Verben auf -ler und -ter statt durch Verdoppelung der Konsonanten l und t den [ɛ]-Laut durch Akzentsetzung (è) ausdrücken. Zu dieser Gruppe gehören: celer *verheimlichen* (je cèle), geler *gefrieren*, modeler *formen*, peler *schälen* und acheter *kaufen* (j'achète).

d) Verben mit **geschlossenem e** in der letzten Stammsilbe verwandeln das geschlossene e [e] in den stammbetonten Formen des Präsens in offenes è [ɛ]. Im Futur und Konditional dagegen wird trotz offener Lautung die Schreibung é beibehalten:

je répète *ich wiederhole*	nous répétons
tu répètes	vous répétez
il répète	ils répètent

je répéterai [ʒə repɛ'tre] *ich werde wiederholen*
je répéterais [ʒə repɛ'trɛ] *ich würde wiederholen*

Verben auf **-yer** verwandeln y vor stummem e in i. Lediglich die auf -ayer endenden können y beibehalten:

employer *gebrauchen* — j'emploie, tu emploies, il emploie, nous employons, vous employez, ils emploient — j'emploierai(s) *ich werde (würde) gebrauchen.*

appuyer *stützen* — j'appuie, tu appuies, il appuie, nous appuyons, vous appuyez, ils appuient — j'appuierai(s) *ich werde (würde) stützen.*

payer *bezahlen* — je paie [pɛ] (*od.* paye [pɛj]), tu paies (*od.* payes), il paie (*od.* paye), nous payons, vous payez, ils paient (*od.* payent) — je paierai(s) (*od.* payerai[s]) *ich werde (würde) bezahlen.*

4. Die unregelmäßigen Verben

(in alphabetischer Reihenfolge)

Folgende Formen sind aufgeführt: Infinitiv — Präsens Indikativ (*Präs. Ind.*) — Präsens Konjunktiv (*Präs. Konj.*) — Imperfekt Indikativ (*Imp. Ind.*) — Imperfekt Konjunktiv (*Imp. Konj.*) — Historisches Perfekt (*Perf.*) — Futur I (*Fut.*) — Konditional I (*Kond.*) — Imperativ (*Imper.*) — Partizip Präsens (*Part. Präs.*) — Partizip Perfekt (*Part. Perf.*).

abattre *niederschlagen* s. battre.

absoudre *freisprechen* — *Präs. Ind.* j'absous, tu absous, il absout, nous absolvons, vous absolvez, ils absolvent — *Präs. Konj.* que j'absolve, que nous absolvions — *Imp. Ind.* j'absolvais, nous absolvions — *Imp. Konj.* fehlt — *Perf.* fehlt — *Fut.* j'absoudrai, nous absoudrons — *Kond.* j'absoudrais, nous absoudrions — *Imper.* absous, absolvons, absolvez — *Part. Präs.* absolvant, *Part. Perf.* absous (absoute).

abstenir: s'~ *sich enthalten* s. tenir.

abstraire *abziehen* s. traire.

accourir *herbeieilen* s. courir.

accroître *zunehmen* s. croître, jedoch ohne Zirkumflex in den Formen des Hist. Perfekts j'accrus, tu accrus, il accrut, ils accrurent sowie in der männlichen Form des Part. Perf. accru.

accueillir *empfangen* s. cueillir.

acquérir *erwerben* — *Präs. Ind.* j'acquiers, tu acquiers, il acquiert, nous acquérons, vous acquérez, ils acquièrent — *Präs. Konj.* que j'acquière, que tu acquières, qu'il acquière, que nous acquérions, que vous acquériez, qu'ils acquièrent — *Imp. Ind.* j'acquérais, nous acquérions — *Imp. Konj.* que j'acquisse, qu'il acquît — *Perf.* j'acquis, nous acquîmes — *Fut.* j'acquerrai, nous acquerrons — *Kond.* j'acquerrais, nous acquerrions — *Imper.* acquiers, acquérons, acquérez — *Part. Präs.* acquérant, *Part. Perf.* acquis (acquise).

admettre *zulassen* s. mettre.

aller *gehen* — *Präs. Ind.* je vais, tu vas, il va, nous allons, vous allez, ils vont — *Präs. Konj.* que j'aille, que tu ailles, qu'il aille, que nous allions, que vous alliez, qu'ils aillent — *Imp. Ind.* j'allais, nous allions — *Imp. Konj.* que j'allasse, qu'il allât — *Perf.* j'allai, nous allâmes — *Fut.* j'irai, nous irons — *Kond.* j'irais, nous irions — *Imper.* va (vor y: vas), allons, allez — *Part. Präs.* allant, *Part. Perf.* allé (allée).

apercevoir *bemerken* s. recevoir.

apparaître *erscheinen* s. paraître.

appartenir *gehören* s. tenir.

apprendre *lernen* s. prendre.

assaillir *angreifen* — *Präs. Ind.* j'assaille, tu assailles, il assaille, nous assaillons, vous assaillez, ils assaillent — *Präs. Konj.* que j'assaille, que nous assaillions — *Imp. Ind.* j'assaillais, nous assaillions — *Imp. Konj.* que j'assaillisse, qu'il assaillît — *Perf.* j'assaillis, nous assaillîmes — *Fut.* j'assaillirai, nous assaillirons — *Kond.* j'assaillirais, nous assaillirions — *Imper.* assaille, assaillons, assaillez — *Part. Präs.* assaillant, *Part. Perf.* assailli (assaillie).

asseoir *setzen* — *Präs. Ind.* j'assieds, tu assieds, il assied, nous asseyons, vous asseyez, ils asseyent (*od.* j'assois, tu assois, il assoit, nous assoyons, vous assoyez, ils assoient) — *Präs. Konj.* que j'asseye, que nous asseyions (*od.* que j'assoie, que nous assoyions) — *Imp. Ind.* j'asseyais, nous asseyions (*od.* j'assoyais, nous assoyions) — *Imp. Konj.* que j'assisse, qu'il assît — *Perf.* j'assis, nous assîmes — *Fut.* j'assiérai, nous assiérons (*od.* j'assoirai, nous assoirons) — *Kond.* j'assiérais, nous assiérions (*od.* j'assoirais, nous assoirions) — *Imper.* assieds, asseyons, asseyez (*od.* assois, assoyons, assoyez) — *Part. Präs.* asseyant (*od.* assoyant), *Part. Perf.* assis (assise).

astreindre *nötigen* s. craindre.

atteindre *erreichen* s. craindre.

battre *schlagen* — *Präs. Ind.* je bats, tu bats, il bat, nous battons, vous battez, ils battent — *Präs. Konj.* que je batte, que nous battions — *Imp. Ind.* je battais, nous battions — *Imp. Konj.* que je battisse, qu'il battît — *Perf.* je battis, nous battîmes — *Fut.* je battrai, nous battrons — *Kond.* je battrais, nous battrions — *Imper.* bats, battons, battez — *Part. Präs.* battant, *Part. Perf.* battu (battue).

bénir *segnen* — regelmäßig; in der Bedeutung „*geweiht*" lautet das *Part. Perf.* bénit (bénite).

boire *trinken* — *Präs. Ind.* je bois, tu bois, il boit, nous buvons, vous buvez, ils boivent — *Präs. Konj.* que je boive, que nous buvions — *Imp. Ind.* je buvais, nous buvions — *Imp. Konj.* que je busse, qu'il bût — *Perf.* je bus, nous bûmes — *Fut.* je boirai, nous boirons — *Kond.* je boirais, nous boirions — *Imper.* bois, buvons, buvez — *Part. Präs.* buvant, *Part. Perf.* bu (bue).

bouillir *kochen* (*intransitiv*) *Präs. Ind.* — je bous, tu bous, il bout, nous bouillons, vous bouillez, ils bouillent — *Präs. Konj.* que je bouille, que nous bouillions — *Imp. Ind.* je bouillais, nous bouillions — *Imp. Konj.* que je bouillisse, qu'il bouillît — *Perf.* je bouillis, nous bouillîmes — *Fut.* je bouillirai, nous bouillirons —

Kond. je bouillirais, nous bouillirions — *Imper.* bous, bouillons, bouillez — *Part. Präs.* bouillant, *Part. Perf.* bouilli (bouillie).

braire *schreien* (*Esel*) — es kommen nur folgende Formen vor: *Präs. Ind.* il brait, ils braient — *Imp. Ind.* il brayait, ils brayaient — *Fut.* il braira, ils brairont — *Kond.* il brairait, ils brairaient — *Part. Präs.* brayant, *Part. Perf.* brait.

bruire *rauschen* — es kommen nur folgende Formen vor: *Präs. Ind.* il bruit, ils bruissent — *Imp. Ind.* il bruissait, ils bruissaient — *Part. Präs.* bruissant.

ceindre *umgürten* s. craindre.

clore *schließen* — es kommen nur folgende Formen vor: *Präs. Ind.* je clos, tu clos, il clôt — *Präs. Konj.* que je close, que tu closes, qu'il close — *Fut.* je clorai, nous clorons — *Kond.* je clorais, nous clorions — *Part. Perf.* clos (close).

combattre *kämpfen* s. battre.

commettre *begehen* (*Verbrechen*) s. mettre.

comprendre *verstehen, begreifen* s. prendre.

compromettre *bloßstellen* s. mettre.

concevoir *erfahren, begreifen* s. recevoir.

conclure *schließen* (*Vertrag*) — *Präs. Ind.* je conclus, tu conclus, il conclut, nous concluons, vous concluez, ils concluent — *Präs. Konj.* que je conclue, que nous concluions — *Imp. Ind.* je concluais, nous concluions — *Imp. Konj.* que je conclusse, qu'il conclût — *Perf.* je conclus, nous conclûmes — *Fut.* je conclurai, nous conclurons — *Kond.* je conclurais, nous conclurions — *Imper.* conclus, concluons, concluez — *Part. Präs.* concluant, *Part. Perf.* conclu (conclue).

concourir *mitwirken* s. courir.

conduire *führen* — *Präs. Ind.* je conduis, tu conduis, il conduit, nous conduisons, vous conduisez, ils conduisent — *Präs. Konj.* que je conduise, que nous conduisions — *Imp. Ind.* je conduisais, nous conduisions — *Imp. Konj.* que je conduisisse, qu'il conduisît — *Perf.* je conduisis, nous conduisîmes — *Fut.* je conduirai, nous conduirons — *Kond.* je conduirais, nous conduirions — *Imper.* conduis, conduisons, conduisez — *Part. Präs.* conduisant, *Part. Perf.* conduit (conduite).

confire *einmachen* — *Präs. Ind.* je confis, tu confis, il confit, nous confisons, vous confisez, ils confisent — *Präs. Konj.* que je confise, que nous confisions — *Imp. Ind.* je confisais, nous confisions — *Imp. Konj.* que je confisse, qu'il confît — *Perf.* je confis, nous confîmes — *Fut.* je confirai, nous confirons — *Kond.* je confirais, nous confirions — *Imper.* confis, confisons, confisez — *Part. Präs.* confisant, *Part. Perf.* confit (confite).

connaître *kennen* — *Präs. Ind.* je connais, tu connais, il connaît, nous connaissons, vous connaissez, ils connaissent — *Präs. Konj.* que je connaisse, que nous connaissions — *Imp. Ind.* je connaissais, nous connaissions — *Imp. Konj.* que je connusse, qu'il connût — *Perf.* je connus, nous connûmes — *Fut.* je connaîtrai, nous connaîtrons — *Kond.* je connaîtrais, nous connaîtrions — *Imper.* connais, connaissons, connaissez — *Part. Präs.* connaissant, *Part. Perf.* connu (connue).

conquérir *erobern* s. acquérir.

consentir *einwilligen, zustimmen* s. sentir.

construire *bauen* s. conduire.

contenir *enthalten* s. tenir.

contraindre *zwingen* s. craindre.

contredire *widersprechen* s. dire; ausgenommen 2. Pers. Plur. Präs. Ind. und Imperativ: vous contredisez, contredisez.

contrefaire *nachmachen* s. faire.

contrevenir *zuwiderhandeln* s. venir.

convaincre *überzeugen* s. vaincre.

convenir *übereinkommen* s. venir.

coudre *nähen* — *Präs. Ind.* je couds, tu couds, il coud, nous cousons, vous cousez, ils cousent — *Präs. Konj.* que je couse, que nous cousions — *Imp. Ind.* je cousais, nous cousions — *Imp. Konj.* que je cousisse, qu'il cousît — *Perf.* je cousis, nous cousîmes — *Fut.* je coudrai, nous coudrons — *Kond.* je coudrais, nous coudrions — *Imper.* couds, cousons, cousez — *Part. Präs.* cousant, *Part. Perf.* cousu (cousue).

courir *laufen* — *Präs. Ind.* je cours, tu cours, il court, nous courons, vous courez, ils courent — *Präs. Konj.* que je coure, que nous courions — *Imp. Ind.* je courais, nous courions — *Imp. Konj.* que je courusse, qu'il courût — *Perf.* je courus, nous courûmes —

Fut. je courrai, nous courrons — *Kond.* je courrais, nous cour-
rions — *Imper.* cours, courons, courez — *Part. Präs.* courant,
Part. Perf. couru (courue).

couvrir *bedecken* — *Präs. Ind.* je couvre, tu couvres, il couvre, nous
couvrons, vous couvrez, ils couvrent — *Präs. Konj.* que je couvre,
que nous couvrions — *Imp. Ind.* je couvrais, nous couvrions —
que je couvrisse, qu'il couvrît — *Perf.* je couvris, nous couvrîmes
— *Fut.* je couvrirai, nous couvrirons — *Kond.* je couvrirais, nous
couvririons — *Imper.* couvre, couvrons, couvrez — *Part. Präs.*
couvrant, *Part. Perf.* couvert (couverte).

craindre *fürchten* — *Präs. Ind.* je crains, tu crains, il craint, nous
craignons, vous craignez, ils craignent — *Präs. Konj.* que je
craigne, que nous craignions — *Imp. Ind.* je craignais, nous
craignions — *Imp. Konj.* que je craignisse, qu'il craignît — *Perf.*
je craignis, nous craignîmes — *Fut.* je craindrai, nous craindrons
— *Kond.* je craindrais, nous craindrions — *Imper.* crains, craignons, craignez — *Part. Präs.* craignant, *Part. Perf.* craint
(crainte).

croire *glauben* — *Präs. Ind.* je crois, tu crois, il croit, nous croyons,
vous croyez, ils croient — *Präs. Konj.* que je croie, que nous
croyions — *Imp. Ind.* je croyais, nous croyions — *Imp. Konj.*
que je crusse, qu'il crût — *Perf.* je crus, nous crûmes — *Fut.* je
croirai, nous croirons — *Kond.* je croirais, nous croirions —
Imper. crois, croyons, croyez — *Part. Präs.* croyant, *Part. Perf.*
cru (crue).

croître *wachsen* — *Präs. Ind.* je croîs, tu croîs, il croît, nous croissons, vous croissez, ils croissent — *Präs. Konj.* que je croisse,
que nous croissions — *Imp. Ind.* je croissais, nous croissions —
Imp. Konj. que je crusse, qu'il crût — *Perf.* je crûs, tu crûs, il
crût, nous crûmes, vous crûtes, ils crûrent — *Fut.* je croîtrai, nous
croîtrons — *Kond.* je croîtrais, nous croîtrions — *Imper.* croîs,
croissons, croissez — *Part. Präs.* croissant, *Part. Perf.* crû (crue),
crûs (crues).

cueillir *pflücken* — *Präs. Ind.* je cueille, tu cueilles, il cueille, nous
cueillons, vous cueillez, ils cueillent — *Präs. Konj.* que je cueille,
que nous cueillions — *Imp. Ind.* je cueillais, nous cueillions —
Imp. Konj. que je cueillisse, qu'il cueillît — *Perf.* je cueillis, nous
cueillîmes — *Fut.* je cueillerai, nous cueillerons — *Kond.* je cueil-
lerais, nous cueillerions — *Imper.* cueille, cueillons, cueillez —
Part. Präs. cueillant, *Part. Perf.* cueilli (cueillie).

cuire *kochen* s. conduire.

décevoir *täuschen* s. recevoir.

déchoir *(ver)fallen* — *Präs. Ind.* je déchois, tu déchois, il déchoit, nous déchoyons, vous déchoyez, ils déchoient — *Präs. Konj.* que je déchoie, que nous déchoyions — *Imp. Ind.* fehlt — *Imp. Konj.* que je déchusse, qu'il déchût — *Perf.* je déchus, nous déchûmes — *Fut.* je déchoirai, nous déchoirons — *Kond.* je déchoirais, nous déchoirions — *Imper.* fehlt — *Part. Präs.* fehlt — *Part. Perf.* déchu (déchue).

découvrir *entdecken* s. couvrir.

décrire *beschreiben* s. écrire.

décroître *abnehmen* s. croître; ausgenommen *Hist. Perf.* je décrus, tu décrus, il décrut, nous décrûmes, vous décrûtes, ils décrurent und *Part. Perf.* décru (décrue).

dédire *verleugnen* s. dire; ausgenommen 2. *Pers. Plur. Präs. Ind.* und *Imperativ*: vous dédisez, dédisez.

déplaire *mißfallen* s. plaire.

détruire *zerstören* s. conduire.

devenir *werden* s. venir.

devoir *müssen* s. recevoir; ausgenommen *Part. Perf.* dû (due), dus (dues).

dire *sagen* — *Präs. Ind.* je dis, tu dis, il dit, nous disons, vous dites, ils disent — *Präs. Konj.* que je dise, que nous disions — *Imp. Ind.* je disais, nous disions — *Imp. Konj.* que je disse, qu'il dît — *Perf.* je dis, nous dîmes — *Fut.* je dirai, nous dirons — *Kond.* je dirais, nous dirions — *Imper.* dis, disons, dites — *Part. Präs.* disant, *Part. Perf.* dit (dite).

disparaître *verschwinden* s. paraître.

dissoudre *auflösen* s. absoudre.

distraire *trennen* s. traire.

dormir *schlafen* — *Präs. Ind.* je dors, tu dors, il dort, nous dormons, vous dormez, ils dorment — *Präs. Konj.* que je dorme, que nous dormions — *Imp. Ind.* je dormais, nous dormions — *Imp. Konj.* que je dormisse, qu'il dormît — *Perf.* je dormis, nous dormîmes — *Fut.* je dormirai, nous dormirons — *Kond.* je dormirais, nous dormirions — *Imper.* dors, dormons, dormez — *Part. Präs.* dormant, *Part. Perf.* dormi.

échoir *zufallen, fällig sein* — es kommen nur folgende Formen vor: *Präs. Ind.* il échoit, ils échoient — *Imp. Konj.* qu'il échût — *Perf.* il échut, ils échurent — *Fut.* il échoira, ils échoiront — *Kond.* il échoirait, ils échoiraient — *Part. Präs.* échéant, *Part. Perf.* échu (échue).

éclore *aufblühen* — es kommen nur folgende Formen vor: *Präs. Ind.* il éclôt, ils éclosent — *Präs. Konj.* qu'il éclose, qu'ils éclosent — *Fut.* il éclora, ils écloront — *Kond.* il éclorait, ils écloraient — *Part. Perf.* éclos (éclose).

écrire *schreiben* — *Präs. Ind.* j'écris, tu écris, il écrit, nous écrivons, vous écrivez, ils écrivent — *Präs. Konj.* que j'écrive, que nous écrivions — *Imp. Ind.* j'écrivais, nous écrivions — *Imp. Konj.* que j'écrivisse, qu'il écrivît — *Perf.* j'écrivis, nous écrivîmes — *Fut.* j'écrirai, nous écrirons — *Kond.* j'écrirais, nous écririons — *Imper.* écris, écrivons, écrivez — *Part. Präs.* écrivant, *Part. Perf.* écrit (écrite).

élire *wählen* s. lire.

émettre (*aus*)*senden* s. mettre.

émouvoir *erregen* s. mouvoir.

endormir: s'~ *einschlafen* s. dormir.

enduire *einschmieren, überstreichen* s. conduire.

enfreindre *übertreten* (*Gesetz*) s. craindre.

enfuir: s'~ *entfliehen* s. fuir.

enquérir: s'~ *sich erkundigen* s. acquérir.

entreprendre *unternehmen* s. prendre.

entretenir *unterhalten* s. tenir.

entrevoir *flüchtig sehen* s. voir.

envoyer *schicken* — *Präs. Ind.* j'envoie, tu envoies, il envoie, nous envoyons, vous envoyez, ils envoient — *Präs. Konj.* que j'envoie, que nous envoyions — *Imp. Ind.* j'envoyais, nous envoyions — *Imp. Konj.* que j'envoyasse, qu'il envoyât — *Perf.* j'envoyai, nous envoyâmes — *Fut.* j'enverrai, nous enverrons — *Kond.* j'enverrais, nous enverrions — *Imper.* envoie, envoyons, envoyez — *Part. Präs.* envoyant, *Part. Perf.* envoyé (envoyée).

éteindre *auslöschen* s. craindre.

exclure *ausschließen* s. conclure.

extraire *herausziehen* s. traire.

faillir (*ver*)*fehlen* — es kommen nur folgende Formen vor: *Perf.* je faillis, nous faillîmes — *Fut.* je faillirai, nous faillirons — *Kond.* je faillirais, nous faillirions — *Part. Präs.* faillant, *Part. Perf.* failli (faillie).

faire *machen* — *Präs. Ind.* je fais, tu fais, il fait, nous faisons, vous faites, ils font — *Präs. Konj.* que je fasse, que nous fassions — *Imp. Ind.* je faisais, nous faisions — *Imp. Konj.* que je fisse, qu'il fît — *Perf.* je fis, nous fîmes — *Fut.* je ferai, nous ferons — *Kond.* je ferais, nous ferions — *Imper.* fais, faisons, faites — *Part. Präs.* faisant, *Part. Perf.* fait (faite).

falloir *müssen, nötig sein* — es kommen, da unpersönlich gebraucht, nur die Formen der 3. *Pers. Sing.* vor: *Präs. Ind.* il faut — *Präs. Konj.* qu'il faille — *Imp. Ind.* il fallait — *Imp. Konj.* qu'il fallût — *Perf.* il fallut — *Fut.* il faudra — *Kond.* il faudrait — *Part. Perf.* fallu.

feindre *heucheln, vorgeben* s. craindre.

fleurir *blühen* — bildlich gebraucht, lauten die Formen des *Imperfekts Ind.* und des *Part. Präs.* je florissais, nous florissions, florissant.

frire *braten, backen* — es kommen nur folgende Formen vor: *Präs. Ind.* je fris, tu fris, il frit — *Fut.* je frirai, nous frirons — *Kond.* je frirais, nous fririons — *Imper.* fris — *Part. Perf.* frit (frite).

fuir *fliehen* — *Präs. Ind.* je fuis, tu fuis, il fuit, nous fuyons, vous fuyez, ils fuient — *Präs. Konj.* que je fuie, que nous fuyions — *Imp. Ind.* je fuyais, nous fuyions — *Imp. Konj.* que je fuisse, qu'il fuît — *Perf.* je fuis, nous fuîmes — *Fut.* je fuirai, nous fuirons — *Kond.* je fuirais, nous fuirions — *Imper.* fuis, fuyons, fuyez — *Part. Präs.* fuyant, *Part. Perf.* fui (fuie).

gésir *liegen* — es kommen nur folgende Formen vor: *Präs. Ind.* il gît, nous gisons, vous gisez, ils gisent — *Imp. Ind.* je gisais, nous gisions — *Part. Präs.* gisant.

haïr *hassen* — *Präs. Ind.* je hais, tu hais, il hait, nous haïssons, vous haïssez, ils haïssent — *Präs. Konj.* que je haïsse, que nous haïssions — *Imp. Ind.* je haïssais, nous haïssions — *Imp. Konj.* que je haïsse, qu'il haït — *Perf.* je haïs, nous haïmes — *Fut.* je haïrai, nous haïrons — *Kond.* je haïrais, nous haïrions — *Imper.* hais, haïssons, haïssez — *Part. Präs.* haïssant, *Part. Perf.* haï (haïe).

induire *verleiten* s. conduire.

76 Das Verb

inscrire *einschreiben* s. écrire.

instruire *unterrichten* s. conduire.

interdire *untersagen* s. dire; ausgenommen *2. Pers. Plur. Präs. Ind.* und *Imperativ*: vous interdisez, interdisez.

intervenir *eingreifen* s. venir.

introduire *einführen* s. conduire.

joindre *verbinden* s. craindre.

lire *lesen* — *Präs. Ind.* je lis, tu lis, il lit, nous lisons, vous lisez, ils lisent — *Präs. Konj.* que je lise, que nous lisions — *Imp. Ind.* je lisais, nous lisions — *Imp. Konj.* que je lusse, qu'il lût — *Perf.* je lus, nous lûmes — *Fut.* je lirai, nous lirons — *Kond.* je lirais, nous lirions — *Imper.* lis, lisons, lisez — *Part. Präs.* lisant, *Part. Perf.* lu (lue).

luire *leuchten* s. conduire, nur fehlen die Formen des *Imperfekts Konj.*, und das *Part. Perf.* lui kennt keine weibliche Form.

maintenir *aufrechterhalten* s. tenir.

maudire *verfluchen* s. dire; ausgenommen die Pluralformen des *Präs. Ind.*, alle Formen des *Präs. Konj.*, das *Imperfekt* und das *Part. Präs.*: *Präs. Ind.* nous maudissons, vous maudissez, ils maudissent — *Präs. Konj.* que je maudisse, que nous maudissions — *Imp. Ind.* je maudissais, nous maudissions — *Part. Präs.* maudissant.

méconnaître *verkennen* s. connaître.

médire *verleumden* s. dire; ausgenommen *2. Pers. Plur. Präs. Ind.* und *Imperativ*: vous médisez, médisez.

mentir *lügen* — *Präs. Ind.* je mens, tu mens, il ment, nous mentons, vous mentez, ils mentent — *Präs. Konj.* que je mente, que nous mentions — *Imp. Ind.* je mentais, nous mentions — *Imp. Konj.* que je mentisse, qu'il mentît — *Perf.* je mentis, nous mentîmes — *Fut.* je mentirai, nous mentirons — *Kond.* je mentirais, nous mentirions — *Imper.* mens, mentons, mentez — *Part. Präs.* mentant, *Part. Perf.* menti.

mettre *setzen, stellen, legen* — *Präs. Ind.* je mets, tu mets, il met, nous mettons, vous mettez, ils mettent — *Präs. Konj.* que je mette, que nous mettions — *Imp. Ind.* je mettais, nous mettions — *Imp. Konj.* que je misse, qu'il mît — *Perf.* je mis, nous mîmes — *Fut.* je mettrai, nous mettrons — *Kond.* je mettrais, nous mettrions — *Imper.* mets, mettons, mettez — *Part. Präs.* mettant, *Part. Perf.* mis (mise).

moudre *mahlen* — *Präs. Ind.* je mouds, tu mouds, il moud, nous moulons, vous moulez, ils moulent — *Präs. Konj.* que je moule, que nous moulions — *Imp. Ind.* je moulais, nous moulions — *Imp. Konj.* que je moulusse, qu'il moulût — *Perf.* je moulus, nous moulûmes — *Fut.* je moudrai, nous moudrons — *Kond.* je moudrais, nous moudrions — *Imper.* mouds, moulons, moulez — *Part. Präs.* moulant, *Part. Perf.* moulu (moulue).

mourir *sterben* — *Präs. Ind.* je meurs, tu meurs, il meurt, nous mourons, vous mourez, ils meurent — *Präs. Konj.* que je meure, que nous mourions — *Imp. Ind.* je mourais, nous mourions — *Imp. Konj.* que je mourusse, qu'il mourût — *Perf.* je mourus, nous mourûmes — *Fut.* je mourrai, nous mourrons — *Kond.* je mourrais, nous mourrions — *Imper.* meurs, mourons, mourez — *Part. Präs.* mourant, *Part. Perf.* mort (morte).

mouvoir *bewegen* — *Präs. Ind.* je meus, tu meus, il meut, nous mouvons, vous mouvez, ils meuvent — *Präs. Konj.* que je meuve, que nous mouvions — *Imp. Ind.* je mouvais, nous mouvions — *Imp. Konj.* que je musse, qu'il mût — *Perf.* je mus, nous mûmes — *Fut.* je mouvrai, nous mouvrons — *Kond.* je mouvrais, nous mouvrions — *Imper.* meus, mouvons, mouvez — *Part. Präs.* mouvant, *Part. Perf.* mû (mue), mus (mues).

naître *geboren werden* — *Präs. Ind.* je nais, tu nais, il naît, nous naissons, vous naissez, ils naissent — *Präs. Konj.* que je naisse, que nous naissions — *Imp. Ind.* je naissais, nous naissions — *Imp. Konj.* que je naquisse, qu'il naquît — *Perf.* je naquis, nous naquîmes — *Fut.* je naîtrai, nous naîtrons — *Kond.* je naîtrais, nous naîtrions — *Imper.* nais, naissons, naissez — *Part. Präs.* naissant, *Part. Perf.* né (née).

nuire *schaden* s. conduire; ausgenommen *Part. Perf.* nui.

obtenir *erlangen* s. tenir.

offrir *anbieten* s. couvrir.

omettre *auslassen* s. mettre.

ouvrir *öffnen* s. couvrir.

paître *weiden* — es kommen nur folgende Formen vor: *Präs. Ind.* je pais, tu pais, il paît, nous paissons, vous paissez, ils paissent — *Präs. Konj.* que je paisse, que nous paissions — *Imp. Ind.* je paissais, nous paissions — *Fut.* je paîtrai, nous paîtrons — *Kond.* je paîtrais, nous paîtrions — *Imper.* pais, paissons, paissez — *Part. Präs.* paissant.

paraître *erscheinen* s. connaître.

parcourir *durcheilen* s. courir.

partir *abreisen* s. mentir.

parvenir *gelangen, ankommen* s. venir.

peindre *malen* s. craindre.

percevoir *wahrnehmen* s. recevoir.

permettre *erlauben* s. mettre.

plaindre *beklagen* s. craindre.

plaire *gefallen* — *Präs. Ind.* je plais, tu plais, il plaît, nous plaisons, vous plaisez, ils plaisent — *Präs. Konj.* que je plaise, que nous plaisions — *Imp. Ind.* je plaisais, nous plaisions — *Imp. Konj.* que je plusse, qu'il plût — *Perf.* je plus, nous plûmes — *Fut.* je plairai, nous plairons — *Kond.* je plairais, nous plairions — *Imper.* fehlt — *Part. Präs.* plaisant — *Part. Perf.* plu.

pleuvoir *regnen* — es kommen, da unpersönlich gebraucht, nur die Formen der *3. Pers. Sing.* vor: *Präs. Ind.* il pleut — *Präs. Konj.* qu'il pleuve — *Imp. Ind.* il pleuvait — *Imp. Konj.* qu'il plût — *Perf.* il plut — *Fut.* il pleuvra — *Kond.* il pleuvrait — *Part. Präs.* pleuvant, *Part. Perf.* plu.

poursuivre *verfolgen* s. suivre.

pourvoir *(vor)sorgen* s. voir; ausgenommen die Formen des *Imperfekts Konj.*, des *Hist. Perfekts*, des *Futurs* und des *Konditionals*: *Imp. Konj.* que je pourvusse, qu'il pourvût — *Perf.* je pourvus, nous pourvûmes — *Fut.* je pourvoirai, nous pourvoirons — *Kond.* je pourvoirais, nous pourvoirions.

pouvoir *können* — *Präs. Ind.* je peux (puis), tu peux, il peut, nous pouvons, vous pouvez, ils peuvent — *Präs. Konj.* que je puisse, que nous puissions — *Imp. Ind.* je pouvais, nous pouvions — *Imp. Konj.* que je pusse, qu'il pût — *Perf.* je pus, nous pûmes — *Fut.* je pourrai, nous pourrons — *Kond.* je pourrais, nous pourrions — *Imper.* fehlt — *Part. Präs.* pouvant, *Part. Perf.* pu.

prédire *vorhersagen* s. dire; ausgenommen *2. Pers. Plur. Präs. Ind.* und *Imperativ*: vous prédisez, prédisez.

prendre *nehmen* — *Präs. Ind.* je prends, tu prends, il prend, nous prenons, vous prenez, ils prennent — *Präs. Konj.* que je prenne, que nous prenions — *Imp. Ind.* je prenais, nous prenions — *Imp. Konj.* que je prisse, qu'il prît — *Perf.* je pris, nous prîmes — *Fut.*

je prendrai, nous prendrons — *Kond.* je prendrais, nous prendrions — *Imper.* prends, prenons, prenez — *Part. Präs.* prenant, *Part. Perf.* pris (prise).

prescrire *vorschreiben* s. écrire.

prévaloir *vorherrschen* s. valoir.

prévenir *zuvorkommen* s. venir.

prévoir *voraussehen* s. voir; ausgenommen die Formen des *Futurs* und *Konditionals:* Fut. je prévoirai, nous prévoirons — *Kond.* je prévoirais, nous prévoirions.

produire *hervorbringen* s. conduire.

promettre *versprechen* s. mettre.

promouvoir *befördern* s. mouvoir; ausgenommen *Part. Perf.* promu.

proscrire *ächten* s. écrire.

recevoir *empfangen* — *Präs. Ind.* je reçois, tu reçois, il reçoit, nous recevons, vous recevez, ils reçoivent — *Präs. Konj.* que je reçoive, que nous recevions — *Imp. Ind.* je recevais, nous recevions — *Imp. Konj.* que je reçusse, qu'il reçût — *Perf.* je reçus, nous reçûmes — *Fut.* je recevrai, nous recevrons — *Kond.* je recevrais, nous recevrions — *Imper.* reçois, recevons, recevez — *Part. Präs.* recevant, *Part. Perf.* reçu (reçue).

reconnaître *(an)erkennen* s. connaître.

réduire *verringern, herabsetzen* s. conduire.

rejoindre *wieder vereinigen, einholen* s. craindre.

reluire *glänzen* s. luire.

renvoyer *zurückschicken* s. envoyer.

repentir: se ~ *bereuen* s. mentir.

reproduire *wiederherstellen* s. produire.

requérir *ersuchen* s. acquérir.

résoudre *(auf)lösen, beschließen* s. absoudre; ausgenommen die Formen des *Imperfekts Konj.*, des *Hist. Perf.* und des *Part. Perf.*: *Imp. Konj.* que je résolusse, qu'il résolût — *Perf.* je résolus, nous résolûmes — *Part. Perf.* résolu (résolue) und, als chemische Bezeichnung, résous (ohne Femininum!).

restreindre *beschränken* s. craindre.

retenir *zurückhalten* s. tenir.

revenir *zurückkommen* s. venir.

revêtir *bekleiden* s. vêtir.

revoir *wiedersehen* s. voir.

rire *lachen* — *Präs. Ind.* je ris, tu ris, il rit, nous rions, vous riez, ils rient — *Präs. Konj.* que je rie, que nous riions — *Imp. Ind.* je riais, nous riions — *Imp. Konj.* que je risse, qu'il rît — *Perf.* je ris, nous rîmes — *Fut.* je rirai, nous rirons — *Kond.* je rirais, nous ririons — *Imper.* ris, rions, riez — *Part. Präs.* riant, *Part. Perf.* ri.

saillir wird in der seltenen Bedeutung „*hervorsprudeln*" regelmäßig wie finir, in der Bedeutung „*hervorragen*" unregelmäßig wie cueillir konjugiert. In ersterem Fall kommen nur noch der *Infinitiv*, die *dritten Personen der einfachen Zeiten* sowie das *Part.Präs.* vor, in letzterem Fall folgende Formen: *Präs. Ind.* il saille — *Präs. Konj.* qu'il saille — *Imp. Ind.* il saillait — *Fut.* il saillera — *Kond.* il saillerait — *Part. Präs.* saillant, *Part. Perf.* sailli.

satisfaire *befriedigen* s. faire.

savoir *wissen* — *Präs. Ind.* je sais, tu sais, il sait, nous savons, vous savez, ils savent — *Präs. Konj.* que je sache, que nous sachions — *Imp. Ind.* je savais, nous savions — *Imp. Konj.* que je susse, qu'il sût — *Perf.* je sus, nous sûmes — *Fut.* je saurai, nous saurons — *Kond.* je saurais, nous saurions — *Imper.* sache, sachons, sachez — *Part. Präs.* sachant, *Part. Perf.* su (sue).

secourir *helfen* s. courir

séduire *verführen* s. conduire

sentir *fühlen* s. mentir

seoir *gut kleiden, stehen* — es kommen, da nur unpersönlich gebraucht, nur folgende Formen vor: *Präs. Ind.* il sied, ils siéent — *Präs. Konj.* qu'il siée, qu'ils siéent — *Imp. Ind.* il seyait, ils seyaient — *Fut.* il siéra, ils siéront — *Kond.* il siérait, ils siéraient — *Part. Präs.* séant (seyant), *Part. Perf.* sis (sise).

servir *(be)dienen* — *Präs. Ind.* je sers, tu sers, il sert, nous servons, vous servez, ils servent — *Präs. Konj.* que je serve, que nous servions — *Imp. Ind.* je servais, nous servions — *Imp. Konj.* que je servisse, qu'il servît — *Perf.* je servis, nous servîmes — *Fut.* je servirai, nous servirons — *Kond.* je servirais, nous servirions — *Imper.* sers, servons, servez — *Part. Präs.* servant, *Part. Perf.* servi (servie).

sortir *hinausgehen* — *Präs. Ind.* je sors, tu sors, il sort, nous sortons, vous sortez, ils sortent — *Präs. Konj.* que je sorte, que nous sortions — *Imp. Ind.* je sortais, nous sortions — *Imp. Konj.* que je sortisse, qu'il sortît — *Perf.* je sortis, nous sortîmes — *Fut.* je sortirai, nous sortirons — *Kond.* je sortirais, nous sortirions — *Imper.* sors, sortons, sortez — *Part. Präs.* sortant, *Part. Perf.* sorti (sortie).

souffrir *leiden, erdulden* s. couvrir.

soumettre *unterwerfen* s. mettre.

sourire *lächeln* s. rire.

souscrire *unterschreiben* s. écrire.

soustraire *entziehen* s. traire.

soutenir *(unter)stützen* s. tenir.

souvenir: se ~ *sich erinnern* s. venir.

suffire *genügen* s. confire; ausgenommen *Part. Perf.* suffi.

suivre *folgen* — *Präs. Ind.* je suis, tu suis, il suit, nous suivons, vous suivez, ils suivent — *Präs. Konj.* que je suive, que nous suivions — *Imp. Ind.* je suivais, nous suivions — *Imp. Konj.* que je suivisse, qu'il suivît — *Perf.* je suivis, nous suivîmes — *Fut.* je suivrai, nous suivrons — *Kond.* je suivrais, nous suivrions — *Imper.* suis, suivons, suivez — *Part. Präs.* suivant, *Part. Perf.* suivi (suivie).

surprendre *überraschen* s. prendre.

surseoir *aufschieben* — *Präs. Ind.* je sursois, tu sursois, il sursoit, nous sursoyons, vous sursoyez, ils sursoient — *Präs. Konj.* que je sursoie, que nous sursoyions — *Imp. Ind.* je sursoyais, nous sursoyions — *Imp. Konj.* que je sursisse, qu'il sursît — *Perf.* je sursis, nous sursîmes — *Fut.* je surseoirai, nous surseoirons — *Kond.* je surseoirais, nous surseoirions — *Imper.* sursois, sursoyons, sursoyez — *Part. Präs.* sursoyant, *Part. Perf.* sursis.

taire *verschweigen* — *Präs. Ind.* je tais, tu tais, il tait, nous taisons, vous taisez, ils taisent — *Präs. Konj.* que je taise, que nous taisions — *Imp. Ind.* je taisais, nous taisions — *Imp. Konj.* que je tusse, qu'il tût — *Perf.* je tus, nous tûmes — *Fut.* je tairai, nous tairons — *Kond.* je tairais, nous tairions — *Imper.* tais, taisons, taisez — *Part. Präs.* taisant, *Part. Perf.* tu (tue).

teindre *färben* s. craindre.

tenir *halten* — *Präs. Ind.* je tiens, tu tiens, il tient, nous tenons, vous tenez, ils tiennent — *Präs. Konj.* que je tienne, que nous tenions — *Imp. Ind.* je tenais, nous tenions — *Imp. Konj.* que je tinsse, qu'il tînt — *Perf.* je tins, nous tînmes — *Fut.* je tiendrai, nous tiendrons — *Kond.* je tiendrais, nous tiendrions — *Imper.* tiens, tenons, tenez — *Part. Präs.* tenant, *Part. Perf.* tenu (tenue).

traduire *übersetzen* s. conduire.

traire *melken* — *Präs. Ind.* je trais, tu trais, il trait, nous trayons, vous trayez, ils traient — *Präs. Konj.* que je traie, que nous trayions — *Imp. Ind.* je trayais, nous trayions — *Imp. Konj.* fehlt — *Perf.* fehlt — *Fut.* je trairai, nous trairons — *Kond.* je trairais, nous trairions — *Imper.* trais, trayons, trayez — *Part. Präs.* trayant, *Part. Perf.* trait (traite).

transcrire *abschreiben* s. écrire.

transmettre *übergeben* s. mettre.

tressaillir *(er)zittern* s. assaillir.

vaincre *(be)siegen* — *Präs. Ind.* je vaincs, tu vaincs, il vainc, nous vainquons, vous vainquez, ils vainquent — *Präs. Konj.* que je vainque, que nous vainquions — *Imp. Ind.* je vainquais, nous vainquions — *Imp. Konj.* que je vainquisse, qu'il vainquît — *Perf.* je vainquis, nous vainquîmes — *Fut.* je vaincrai, nous vaincrons — *Kond.* je vaincrais, nous vaincrions — *Imper.* vaincs, vainquons, vainquez — *Part. Präs.* vainquant, *Part. Perf.* vaincu (vaincue).

valoir *gelten, wert sein* — *Präs. Ind.* je vaux, tu vaux, il vaut, nous valons, vous valez, ils valent — *Präs. Konj.* que je vaille, que tu vailles, qu'il vaille, que nous valions, que vous valiez, qu'ils vaillent — *Imp. Ind.* je valais, nous valions — *Imp. Konj.* que je valusse, qu'il valût — *Perf.* je valus, nous valûmes — *Fut.* je vaudrai, nous vaudrons — *Kond.* je vaudrais, nous vaudrions — *Imper.* vaux, valons, valez — *Part. Präs.* valant, *Part. Perf.* valu (value).

venir *kommen* — *Präs. Ind.* je viens, tu viens, il vient, nous venons, vous venez, ils viennent — *Präs. Konj.* que je vienne, que nous venions — *Imp. Ind.* je venais, nous venions — *Imp. Konj.* que je vinsse, qu'il vînt — *Perf.* je vins, nous vînmes — *Fut.* je viendrai, nous viendrons — *Kond.* je viendrais, nous viendrions — *Imper.* viens, venons, venez — *Part. Präs.* venant, *Part. Perf.* venu (venue).

vêtir (*an*)*kleiden* (selten gebraucht) — *Präs. Ind.* je vêts, tu vêts, il vêt, nous vêtons, vous vêtez, ils vêtent — *Präs. Konj.* que je vête, que nous vêtions — *Imp. Ind.* je vêtais, nous vêtions — *Imp. Konj.* que je vêtisse, qu'il vêtît — *Perf.* je vêtis, nous vêtîmes — *Fut.* je vêtirai, nous vêtirons — *Kond.* je vêtirais, nous vêtirions — *Imper.* vêts, vêtons, vêtez — *Part. Präs.* vêtant, *Part. Perf.* vêtu (vêtue).

vivre *leben* — *Präs. Ind.* je vis, tu vis, il vit, nous vivons, vous vivez, ils vivent — *Präs. Konj.* que je vive, que nous vivions — *Imp. Ind.* je vivais, nous vivions — *Imp. Konj.* que je vécusse, qu'il vécût — *Perf.* je vécus, nous vécûmes — *Fut.* je vivrai, nous vivrons — *Kond.* je vivrais, nous vivrions — *Imper.* vis, vivons, vivez — *Part. Präs.* vivant, *Part. Perf.* vécu (vécue).

voir *sehen* — *Präs. Ind.* je vois, tu vois, il voit, nous voyons, vous voyez, ils voient — *Präs. Konj.* que je voie, que tu voies, qu'il voie, que nous voyions, que vous voyiez, qu'ils voient — *Imp. Ind.* je voyais, nous voyions — *Imp. Konj.* que je visse, qu'il vît — *Perf.* je vis, nous vîmes — *Fut.* je verrai, nous verrons — *Kond.* je verrais, nous verrions — *Imper.* vois, voyons, voyez — *Part. Präs.* voyant, *Part. Perf.* vu (vue).

vouloir *wollen* — *Präs. Ind.* je veux, tu veux, il veut, nous voulons, vous voulez, ils veulent — *Präs. Konj.* que je veuille, que tu veuilles, qu'il veuille, que nous voulions, que vous vouliez, qu'ils veuillent — *Imp. Ind.* je voulais, nous voulions — *Imp. Konj.* que je voulusse, qu'il voulût — *Perf.* je voulus, nous voulûmes — *Fut.* je voudrai, nous voudrons — *Kond.* je voudrais, nous voudrions — *Imper.* veux (höflicher: veuille), voulons, voulez (höflicher: veuillez) — *Part. Präs.* voulant, *Part. Perf.* voulu (voulue).

5. Das Passiv

Die Zeiten des Passivs (*la voix passive*) werden mit **être** (= *werden*) und dem **Partizip Perfekt** gebildet, das sich in Geschlecht und Zahl nach dem Subjekt des Satzes richtet:

je suis invité	*ich werde eingeladen*
nous sommes invités	*wir werden eingeladen*
M. Dupont fut invité	*Herr D. wurde eingeladen*
Mme Dupont ne fut pas invitée	*Frau D. wurde nicht eingeladen*

Die Bezeichnung des **Urhebers** der passivischen Handlung erfolgt meist durch **par** (wenn die *Handlung* betont wird), seltener durch **de** (wenn ein *Zustand* bezeichnet werden soll):

elle fut blessée **par** une balle   *sie wurde durch eine Kugel verletzt*

aber: elle est aimée **de** ses enfants *sie wird von ihren Kindern geliebt*

Demnach wird der Urheber der passivischen Handlung nach den Partizipien der Verben accompagner *begleiten,* aimer *lieben,* entourer *umgeben,* haïr *hassen,* précéder *vorangehen,* suivre *folgen,* voir *sehen* mit **de** angeschlossen, während sonst überwiegend **par** zu gebrauchen ist.

Wie in den anderen romanischen Sprachen wird das Passiv auch im Französischen häufig durch aktivische Konstruktionen ersetzt:

ici on parle français   *hier wird Französisch gesprochen*

(vgl. *ital.* qui si parla italiano; *span.* aquí se habla español)

ces livres ne se vendent pas   *diese Bücher werden nicht gekauft*

(vgl. *ital.* questi libri non si vèndono; *span.* estos libros no se venden)

6. Die Frageform

Die Frageform wird gebildet, indem die Personalpronomen hinter die konjugierte Form des Verbs treten und mit dieser durch einen Bindestrich verbunden werden (Inversion):

vient-il ce soir?   *kommt er heute abend?*

Endet die 3. Person Einzahl des Zeitwortes auf Vokal, so wird vor die Pronomen il, elle und on ein **-t-** eingeschoben:

va-t-elle?   *kommt sie?*

vous demande-t-il?   *fragt er Sie?*

Vor allem in der Umgangssprache sehr beliebt ist die Umschreibung der Frage mit der Wendung **est-ce que,** auf die die regelmäßige Wortstellung (s. S. 104, 105) folgt:

est-elle heureuse? *oder:*   est-ce qu'elle est heureuse?

Die Umschreibung mit **est-ce que** ist für die 1. Person Singular nahezu aller in der Frageform gebrauchten Verben obligatorisch. Es muß also heißen:

est-ce que je vends?   *verkaufe ich?*

est-ce que j'offre?   *biete ich an?*

Lediglich bei einigen wenigen, in der Frageform gebrauchten Verben ist auch in der 1. Person Singular die Inversion üblich. So sagt man:

ai-je?	*habe ich?*	dois-je?	*soll ich?*
suis-je?	*bin ich?*	vais-je?	*gehe ich?*
sais-je?	*weiß ich?*	que vois-je?	*was sehe ich?*
puis-je?	*kann ich?*	que fais-je?	*was mache ich?*

7. Die verneinte Form

Die verneinte Form des Verbs wird gebildet, indem die Negation **ne** vor die *konjugierte* Form des Zeitwortes, das Füllwort **pas** (oder andere wie plus, guère; s. S. 34) dahinter tritt:

il **ne** vient **pas**	*er kommt nicht*
il **n'**est **pas** venu	*er ist nicht gekommen*

Bei der verneinten Frage tritt die Negation ne ebenfalls vor die *konjugierte* Form des Verbs, das Füllwort pas dagegen hinter das Personalpronomen:

ne vient-il **pas?**	*kommt er nicht?*
n'est-il **pas** venu?	*ist er nicht gekommen?*

II. Gebrauch der Formen des Verbs

1. Die Hilfsverben

Man unterscheidet Hilfsverben, die in Verbindung mit dem Hauptverb zur Bildung der zusammengesetzten Zeiten dienen, und solche, die eine bestimmte Einstellung des Sprechenden zum Ablauf der Handlung ausdrücken. Zur ersten Gruppe gehören **avoir** und **être**, zur zweiten **aller faire qch.** *etw. tun werden* od. *wollen*, **venir faire qch.** *kommen, um etw. zu tun*, **venir à faire qch.** *zufällig etw. tun*, **venir de faire qch.** *soeben etw. getan haben*, **être en train** (*od.* **sur le point) de faire qch.** *im Begriff sein, etw. zu tun*, **manquer de** (*od.* **faillir) faire qch.** *beinahe etw. tun.*

Mit **avoir** verbunden werden

a) alle transitiven und die meisten intransitiven Verben (il a vendu la maison *er hat das Haus verkauft*, nous avons hésité longtemps *wir haben lange gezögert*);

b) alle unpersönlich gebrauchten Verben (il a plu, neigé *es hat geregnet, geschneit*);

c) Verben, die zum Ausdruck einer Bewegungsart dienen, wie courir *laufen*, marcher *gehen, marschieren*, nager *schwimmen*, sauter *springen*, grimper *klettern* u. a. (nous avons nagé vingt minutes *wir sind zwanzig Minuten geschwommen*);

d) die Verben avoir und être selbst (j'ai été *ich bin gewesen*).

Mit **être** verbunden werden

a) alle reflexiven Verben (nous nous sommes étonnés *wir haben uns gewundert*);

b) alle Passivformen (elle fut condamnée *sie wurde verurteilt*);

c) einige intransitive Verben, die zum Ausdruck der Bewegung oder der Ruhe dienen, wie aller *gehen*, venir *kommen*, rentrer, retourner, revenir *zurückkehren*, entrer *hineingehen*, sortir *hinausgehen*, arriver *ankommen*, partir *abreisen*, parvenir *gelangen*, rester, demeurer *bleiben*, tomber *fallen* (nous sommes arrivés ce soir *wir sind heute abend angekommen*);

d) einige intransitive Verben, die den Wechsel eines Zustandes ausdrücken, wie naître *geboren werden*, mourir *sterben*, devenir *werden* u. a. (il est mort hier *er ist gestern gestorben*).

Mit **avoir** *oder* **être** verbunden werden

a) Verben, die zum Ausdruck der Bewegung oder der Ruhe dienen, je nachdem sie transitiv oder intransitiv gebraucht werden (la couturière avait retourné le veston *die Schneiderin hatte die Jacke gewendet* [transitiv] — aber: elle est retournée il y a huit jours *sie ist vor acht Tagen zurückgekehrt* [intransitiv]);

b) Verben wie changer *sich ändern*, paraître *erscheinen*, disparaître *verschwinden*, je nachdem sie eine Tätigkeit oder einen Zustand ausdrücken (il avait disparu en un tournemain *er war im Handumdrehen verschwunden* [Tätigkeit] — aber: il était disparu plusieurs semaines *er war [blieb] mehrere Wochen verschwunden* [Zustand]).

Zu den Hilfsverben, die eine bestimmte Einstellung des Sprechenden zum Zeitverlauf der Handlung ausdrücken, gehören u. a. **aller** (je vais lui écrire un de ces jours *ich werde [will] ihm an einem der nächsten Tage schreiben*), **venir** (je viens vous mettre au courant de la mort de votre frère *ich komme, um Sie vom Tode Ihres Bruders in Kenntnis zu setzen*; si vous venez à le voir ... *falls Sie ihn zufällig sehen sollten* ...; il vient de recevoir une lettre *er hat soeben einen Brief erhalten*), **manquer de (faillir)** (le train a manqué de [a failli] dérailler *der Zug wäre beinahe entgleist*).

Unter **modalen Hilfsverben** (wie devoir *müssen*, *sollen*, pouvoir *können*, vouloir *wollen*) versteht man Verben, die das Verhältnis des Sprechenden zur Handlung ausdrücken (il doit [peut, veut] partir *er muß* od. *soll [kann, will] abreisen*).

2. Die unpersönlichen Verben

Die unpersönlichen Verben dienen vornehmlich zur Bezeichnung von Witterungsvorgängen:

il pleut *es regnet*	il fait des éclairs *es blitzt*	
il grêle *es hagelt*	il fait beau (mauvais) temps *es ist*	
il neige *es schneit*	*schönes (schlechtes) Wetter*	
il gèle *es friert*	il fait froid (chaud) *es ist kalt (warm)*	
il dégèle *es taut*	il fait jour (nuit) *es ist Tag*	
il tonne *es donnert*	*(Nacht)*	

Besondere Beachtung verdienen die unpersönlichen Formen des Verbs **falloir**: il faut *es ist nötig, man muß*, il fallait, il fallut usw. (s. S. 75). Meist folgt ein Nebensatz mit que, weniger gebräuchlich ist die Infinitivkonstruktion: statt il me faut traduire cette lettre *ich muß diesen Brief übersetzen* sagt man besser: il faut que je traduise (Konjunktiv!) cette lettre.

Zuweilen erhalten persönliche Verben dadurch unpersönlichen Charakter, daß sie mit dem unpersönlichen Pronomen verbunden werden:

il **(grammatisches Subjekt)** me vient une idée **(logisches Subjekt)** *es kommt mir ein Gedanke*

Hierbei ist zu beachten, daß nach il, d. h. dem grammatischen Subjekt, das Verb stets im Singular folgt:

il s'est passé des choses importantes *es haben sich wichtige Dinge ereignet*

Oft entspricht eine persönliche Wendung im Französischen einer unpersönlichen im Deutschen:

je vais bien (mal)	*es geht mir gut (schlecht)*
je m'étonne	*es wundert mich*
je suis fâché	*es ärgert mich*
j'ai froid (chaud)	*mir ist kalt (warm)*
je réussis à faire qch.	*es gelingt mir, etwas zu tun*
je manque de qch.	*es fehlt mir an etwas*
on frappe	*es klopft*
on sonne	*es klingelt*

3. Die reflexiven Verben

Sie werden mit Hilfe der verbundenen Formen des Reflexivpronomens (s. S. 43) gebildet: je me rappelle *ich erinnere mich*, tu te rappelles *du erinnerst dich* usw.

In den **zusammengesetzten** Zeiten wird **être** gebraucht, wobei sich das Partizip Perfekt nach dem **vorangehenden Akkusativobjekt** richtet:

> il s'**est** levé *er hat sich erhoben*
> elle s'**est** levée *sie hat sich erhoben*

aber: elle s'est procuré une copie *sie hat sich eine Abschrift verschafft* (da se in diesem Satz Dativ ist!).

Bezüglich der Stellung des Reflexivpronomens gilt das auf S. 40—41 zur Stellung des Personalpronomens Gesagte.

Im Französischen **nur reflexiv** gebraucht werden u. a. folgende Verben:

s'en aller *fortgehen*	s'écrier *(aus)rufen*
s'enfuir *fliehen*	s'écrouler *einstürzen*
s'envoler *davonfliegen*	se fier à q. *j-m vertrauen*
s'évader *entweichen*	se méfier de q. *j-m mißtrauen*
s'évanouir *ohnmächtig werden*	se repentir de qch. *etw. bereuen*

Im Französischen **nie reflexiv** gebraucht werden u. a. folgende Verben:

augmenter *sich vermehren*	prendre la liberté de *sich die Freiheit nehmen zu*
diminuer *sich verringern*	avoir honte *sich schämen*
changer *sich ändern*	bouger, remuer *sich rühren, sich bewegen*
différer *sich unterscheiden*	tourner *sich drehen*
séjourner *sich aufhalten*	redoubler *sich verdoppeln*

Reflexiv *können* u. a. folgende Verben gebraucht werden (wobei zu beachten ist, daß die reflexive Form meist einem intransitiven, die nicht reflexive Form dagegen einem transitiven Verb im Deutschen entspricht):

> appeler *(herbei)rufen* — s'appeler *heißen*
> arrêter *anhalten, verhaften* — s'arrêter *stehenbleiben*
> coucher *zu Bett bringen* — se coucher *zu Bett gehen*
> lever *(auf)heben* — se lever *aufstehen*
> éteindre *auslöschen* — s'éteindre *erlöschen, ausgehen*
> noyer *ertränken* — se noyer *ertrinken*
> promener *spazierenführen* — se promener *spazierengehen*
> réveiller *wecken* — se réveiller *aufwachen*
> taire qch. *etw. verschweigen* — se taire *schweigen*

4. Die Zeiten

Gegenwart, Vergangenheit und Zukunft sind die eine Handlung oder ein Geschehnis ausdrückenden drei Grundzeiten.

Eine in der **Gegenwart** sich vollziehende Handlung wird durch die Formen des Präsens (*le présent*) wiedergegeben: il traduit (dans ce moment) le document *er übersetzt (in diesem Augenblick) die Urkunde.*

Zum Ausdruck einer in der **Vergangenheit** vollzogenen Handlung stehen der französischen Sprache fünf Zeitformen zur Verfügung:

> das **Imperfekt** (*l'imparfait*)
> das **historische Perfekt** (*le passé simple*)
> das **Perfekt** (*le passé composé*)
> das **Plusquamperfekt I** (*le plus-que-parfait*)
> das **Plusquamperfekt II** (*le passé antérieur*)

Das **Imperfekt** bezeichnet die **Dauer** einer Handlung, beschreibt einen **Zustand**, gibt **Sitten** und **gewohnheitsmäßige** Handlungen an. Es antwortet auf die Frage: *Was war?*

Das **historische Perfekt** dient zur Bezeichnung **einmaliger, historisch abgeschlossener** Begebenheiten, **neueintretender** bzw. **aufeinanderfolgender** Handlungen. Es antwortet auf die Frage: *Was geschah?*

imparfait	passé simple
il **faisait** l'aumône *er pflegte Almosen zu geben*	Chopin **naquit** en Pologne *Chopin wurde in Polen geboren*
les pourparlers **duraient** deux jours *die Besprechungen dauerten zwei Tage*	elle **entra** dans la cuisine et **ouvrit** la fenêtre *sie ging in die Küche und öffnete das Fenster*
je **savais** qu'il était innocent *ich wußte, daß er unschuldig war*	hier je **sus** qu'il était innocent *gestern erfuhr ich, daß er unschuldig war*
il **était** encore très jeune, *er war noch sehr jung,*	quand son père **eut** un accident *als sein Vater verunglückte*

Mit Hilfe des **Perfekts** werden vollendete, abgeschlossene Handlungen sowie Vorgänge und Zustände der Vergangenheit ausgedrückt, die in ihren Auswirkungen bis an die Gegenwart heranreichen (daher häufig in Verbindung mit Zeitbestimmungen):

André Gide est mort en 1951 *André Gide ist 1951 gestorben*
il a écrit cette lettre ce jour *er hat diesen Brief heute geschrieben*

In der Umgangssprache sowie im Brief hat das Perfekt das historische Perfekt weitgehend verdrängt.

Plusquamperfekt I und **Plusquamperfekt II** unterscheiden sich, ihrem sprachlichen Charakter entsprechend, nahezu wie Imperfekt und historisches Perfekt. Demnach bezeichnet das Plusquamperfekt I vorwiegend den **Zustand**, das Plusquamperfekt II dagegen den **Vorgang** in der Vorzeitigkeit (meist nach Präpositionen wie lorsque, quand *als*, après que *nachdem*, aussitôt que *sobald als*):

il avait dîné *er hatte gespeist*

lorsqu'il eut dîné, il quitta le restaurant *als er gespeist hatte, verließ er das Restaurant*

Das **Futur I** bezeichnet ein von der Gegenwart aus gesehenes zukünftiges Geschehen. Während im Deutschen hierfür häufig das einfache Präsens gebraucht wird (*morgen fahre ich nach Paris*), wird im Französischen bei futurischem Sinn meist das Futur gebraucht (*demain je partirai pour Paris*). Es steht ferner in temporalen Nebensätzen nach lorsque und quand sowie in mit que eingeleiteten Nebensätzen nach Ausdrücken des Hoffens, Versprechens, Beschließens, Übereinkommens:

quand tu seras grand ... *wenn du groß bist ...*
j'espère qu'il viendra *ich hoffe, daß er kommt*
il est convenu que notre agent viendra vous voir demain *es ist vereinbart, daß unser Vertreter Sie morgen aufsucht*

Insbesondere die nahe Zukunft wird durch aller + Infinitiv bezeichnet (est-ce que tu vas partir maintenant? *fährst du jetzt ab?*).

Das **Futur II** bezeichnet eine Handlung, die bis zu einem zukünftigen Zeitpunkt abgeschlossen sein wird. Auch hierfür gebraucht das Deutsche häufig das einfache Präsens:

quand vous aurez fini, veuillez nous téléphoner *wenn Sie fertig sind, rufen Sie uns bitte an.*

Der **Konditional I** bezeichnet ein, von der Vergangenheit aus gesehen, zukünftiges Geschehen (je lui parlerais, si j'avais le temps *ich würde mit ihm sprechen, wenn ich Zeit hätte*).

Er steht ferner in Nebensätzen mit futurischem Sinn nach in der Vergangenheit gebrauchten Verben des Hauptsatzes (j'avais assuré plusieurs fois que je ne consentirais pas à votre projet *ich hatte wiederholt versichert, daß ich in Ihren Plan nicht einwilligen würde*).

Der **Konditional II** bezeichnet ein, von der Vergangenheit aus gesehen, abgeschlossenes zukünftiges Geschehen (je vous avais dit que je n'aurais pas traduit la lettre jusqu'à midi *ich hatte Ihnen doch gesagt, daß ich den Brief nicht bis zwölf Uhr übersetzt haben würde*).

5. Die Aussageweisen (Modi)

Die französische Sprache unterscheidet zwei Aussageweisen: den Indikativ (*l'indicatif*) und den Konjunktiv (*le subjonctif*).

Im **Indikativ** wird zum Ausdruck gebracht, was als Tatsache, als Wirklichkeit (Realität) anzusehen ist. Abweichend vom Deutschen steht der Indikativ im Französischen daher auch in der indirekten Rede, da der Sprechende von der Wirklichkeit dessen, was er berichtet, überzeugt ist: il dit qu'il est malade *er sagt, daß er krank sei*; il écrivit qu'il était malade *er schrieb, daß er krank sei*; je lui demandai ce qu'il faisait *ich fragte ihn, was er tue*. Außerdem ist bei diesen Satzkonstruktionen auf die **Zeitenfolge** zu achten: steht im Hauptsatz das Verb im Präsens oder Futur, so muß es im Nebensatz ebenfalls im Präsens oder Futur stehen. Steht dagegen das Verb im Hauptsatz in einer Zeit der Vergangenheit, so muß auch das Verb im Nebensatz in einer Zeit der Vergangenheit stehen (elle affirme qu'elle est heureuse *sie behauptet, daß sie glücklich sei*; elle affirmait qu'elle était heureuse *sie behauptete, daß sie glücklich sei*). Von dieser Regel weicht jedoch die moderne Sprache in konjunktivischen Sätzen ab, um die Formen des Konjunktivs Imperfekt zu vermeiden (s. S. 93).

Im Gegensatz zum Indikativ bezeichnet der **Konjunktiv**, der — abgesehen von wenigen formelhaften Wendungen — nur in Nebensätzen gebraucht wird, die Nichtwirklichkeit (Irrealität), oder er ist Ausdruck von Willensäußerungen, worunter alles zu verstehen ist, was Wunsch, Absicht, Bitte, Aufforderung zum Ausdruck bringt, bzw. von persönlichen (subjektiven) Gefühlen und Meinungen wie Freude, Trauer, Verwunderung, Furcht usw.

Der Konjunktiv drückt demnach aus, was dem Sprechenden wünschenswert, denkbar, möglich, zweifelhaft, ungewiß erscheint. Er gibt die persönliche Auffassung des Sprechenden, sein subjektives Urteil über die von ihm gemachte Mitteilung wieder.

In **Hauptsätzen** steht der Konjunktiv zum Ausdruck eines Wunsches, einer Bitte oder Aufforderung in einigen formelhaften Wendungen wie Vive la République! *Es lebe die Republik!* Sauve qui peut! *Rette sich, wer kann!* Plaise à Dieu ... *Wollte Gott ...*, zuweilen auch mit einleitendem que (qu'il vienne! *er möge kommen!*).

In **Nebensätzen** steht der Konjunktiv

1. nach der Konjunktion **que**, und zwar

a) nach Verben, die einen Wunsch oder eine Willensäußerung ausdrücken (nous désirons qu'il vienne *wir wünschen, daß er kommt*; je veux que tu me dises la vérité *ich will, daß du mir die Wahrheit sagst*);

b) nach Verben, die persönliche Gefühle wie Freude, Trauer, Verwunderung, Furcht ausdrücken (je suis charmé que tu sois venu *ich bin entzückt, daß du gekommen bist*; nous nous étonnons que vous soyez déjà parti *wir wundern uns, daß Sie schon abgereist sind*);

Nach *positiven* Ausdrücken des Fürchtens steht der Konjunktiv zuweilen mit zusätzlichem **ne**. Dem Satz je crains qu'il **ne** vienne *ich fürchte, daß er kommt* liegt die Vorstellung „*möge er nicht kommen, ich fürchte es*" zugrunde. Es kann aber ebenso korrekt heißen: je crains qu'il vienne.

Aber: je ne crains pas qu'il vienne *ich fürchte nicht, daß er kommt* — je crains qu'il ne vienne pas *ich fürchte, daß er nicht kommt* — je ne crains pas qu'il ne vienne pas *ich fürchte nicht, daß er nicht kommt*.

c) nach Verben des Sagens und Denkens, wenn sie durch Frage, Verneinung oder irreale Bedingung zu Ausdrücken der Ungewißheit werden (je ne crois pas qu'il soit innocent *ich glaube nicht, daß er unschuldig ist*; croyez-vous qu'il ait raison? *glauben Sie, daß er recht hat?* si je savais qu'il eût raison ... *wenn ich wüßte, daß er recht hätte* ...);

Nach *negativen* Ausdrücken des Leugnens und Zweifelns steht der Konjunktiv oft mit zusätzlichem **ne**: je ne doute pas qu'il **ne** dise la vérité *ich zweifele nicht, daß er die Wahrheit sagt*. Aber: je doute qu'il dise la vérité *ich zweifele, daß er die Wahrheit sagt*.

d) nach unpersönlichen Ausdrücken, die verneinten Ausdrücken des Sagens und Denkens gleichkommen und somit an sich schon besagen, daß etwas zweifelhaft ist (il est possible qu'il nous reconnaisse *es ist möglich, daß er uns wiedererkennt*; il semble qu'il ait dit la vérité *es scheint, daß er die Wahrheit gesagt hat*).

2. nach anderen Konjunktionen wie afin que, pour que *damit*, jusqu'à ce que *bis*, de manière que, de (telle) sorte que, de façon que *so daß* (Konjunktiv der Willensäußerung), bien que, quoique *obwohl* (Konjunktiv der Einräumung), pourvu que, supposé que *vorausgesetzt, daß* (Konjunktiv der Annahme), sans que *ohne daß*, avant que *bevor* (Konjunktiv der Unwirklichkeit):

afin que tu puisses nous comprendre ... *damit du uns verstehen kannst* ...

attends ici jusqu'à ce que je sois de retour *warte hier, bis ich zurück bin*

agissez de manière que chacun soit content *handelt so, daß jeder zufrieden ist*

bien que je ne sache rien ... *obwohl ich nichts weiß* ...

supposé que vous soyez d'accord ... *vorausgesetzt, daß Sie einverstanden sind* ...

sans que tu le saches ... *ohne daß du es weißt* ...

avant que vous partiez ... *bevor Sie abfahren* ...

Im **Relativsatz** steht der Konjunktiv

1. wenn er einen Wunsch oder eine Forderung ausdrückt (nous cherchons un jeune homme qui sache faire la correspondance en français *wir suchen einen jungen Mann, der den Schriftwechsel auf französisch führen kann*);

2. wenn er von einem Ausdruck der Verneinung abhängt, der den Inhalt des Relativsatzes selbst verneint (il n'y a personne qui sache traduire ce texte *es gibt niemanden, der diesen Text übersetzen kann*);

3. wenn er von einem Superlativ oder superlativähnlichen Ausdruck wie le premier *der erste*, le seul *der einzige* abhängt (c'est le plus beau tableau que je connaisse *dies ist das schönste Gemälde, das ich kenne*; il est le premier témoin qui ait vu l'accident *er ist der erste Zeuge, der den Unfall gesehen hat*).

Auch in konjunktivischen Sätzen sind die Regeln der **Zeitenfolge** (s. S. 91) zu beachten (il ne veut pas que je le fasse *er will nicht, daß ich es tue*). Jedoch ist darauf hinzuweisen, daß die Formen des Konjunktivs Imperfekt in der heutigen Umgangssprache sowie in zunehmendem Maße auch in der heutigen Schriftsprache gemieden werden. Statt il n'a pas voulu que je le fisse *er wollte nicht, daß ich es täte* ist es heute gebräuchlicher zu sagen: il n'a pas voulu que je le fasse.

6. Der Infinitiv

Als substantivische Form des Verbs kann der Infinitiv mit Präpositionen verbunden werden und im Satz Subjekt, prädikative Ergänzung, Objekt, Attribut und adverbiale Bestimmung sein. Einige Infinitive sind sogar zu Substantiven geworden (le déjeuner *das Mittagessen*, le souvenir *die Erinnerung*, le devoir *die Pflicht* u. a.).

Je nachdem der Infinitiv **ohne** oder **mit** Präposition gebraucht wird, spricht man vom *reinen* bzw. *präpositionalen* Infinitiv. Hierbei ist grundsätzlich festzustellen, daß Verben, die durch ein Substantiv **ohne** Präposition ergänzt werden, auch den Infinitiv **ohne** Präposition nach sich ziehen. Andererseits steht dieselbe Präposition, die vor einer substantivischen Ergänzung stehen würde, auch vor einem entsprechenden Infinitiv.

Als Objekt steht der **reine Infinitiv** nach vielen Verben, die auch ein Substantiv im Akkusativ nach sich ziehen. Er steht außerdem un a b h ä n g i g als vorangehendes Subjekt (promettre et tenir sont deux *Versprechen und Halten ist zweierlei*) und als prädikative Ergänzung nach c'est *das heißt* (vouloir, c'est pouvoir *Wollen ist Können*).

A b h ä n g i g von Verben steht der reine Infinitiv

a) nach den **modalen Hilfsverben:** faire (*veran*)*lassen*, laisser (*zu*)*lassen*, savoir *wissen*, pouvoir *können*, vouloir *wollen*, devoir *müssen*, sembler, paraître *scheinen*, daigner *geruhen*, oser *wagen* (il n'a pas daigné se prononcer sur notre proposition *er hat nicht geruht, zu unserem Vorschlag Stellung zu nehmen*);

b) nach **Verben des Wünschens** wie: désirer *wünschen*, préférer *vorziehen*, aimer *gern tun*, aimer mieux *lieber mögen*, espérer *hoffen* (nous préférons partir sur-le-champ *wir ziehen es vor, auf der Stelle abzureisen*);

c) nach **Verben der sinnlichen Wahrnehmung** wie: entendre *hören*, écouter *zuhören*, voir *sehen*, regarder *ansehen*, sentir *fühlen* (je l'ai entendue chanter *ich habe sie singen hören*);

d) nach **Verben des Glaubens, Denkens und Meinens** wie: croire *glauben*, penser *denken*, se figurer, s'imaginer *sich vorstellen*, compter *gedenken*, vorhaben (je compte partir demain *ich gedenke, morgen abzureisen*);

e) nach **Verben des Sagens, Behauptens und Versicherns** wie: dire *sagen*, assurer, affirmer *versichern*, déclarer *erklären*, avouer *gestehen*, jurer *schwören*, prétendre *behaupten*, vorgeben (il déclare connaître le coupable *er erklärt, den Täter zu kennen*);

f) nach **Verben der Bewegung** wie: aller *gehen*, venir *kommen*, courir *laufen*, envoyer *schicken* (nous venons vous avertir de son projet *wir kommen, um Sie vor seinem Vorhaben zu warnen*);

g) nach **unpersönlichen Ausdrücken** wie: il faut *man muß*, il vaut mieux *es ist besser*, il semble *es scheint* (dans ce cas il vaut mieux se taire *in diesem Falle ist es besser zu schweigen*).

Als Präposition vor dem Infinitiv (**präpositionaler Infinitiv**) werden gebraucht: à bzw. de *zu*, pour bzw. afin de *um ... zu*, sans *ohne*.

Der **Infinitiv mit à** steht nach Verben, die die folgende substantivische Ergänzung ohnehin mit à anschließen würden:

Statt: nous renonçons à une justification *wir verzichten auf eine Rechtfertigung* könnte man auch sagen: nous renonçons à nous justifier *wir verzichten darauf, uns zu rechtfertigen.*

Zu diesen Verben gehören u. a.: accoutumer à, habituer à *gewöhnen*, s'apprêter à *sich anschicken*, aspirer à *streben*, s'attendre à *auf etw. gefaßt sein*, se borner à *sich beschränken*, consentir à *zustimmen*, contribuer à *dazu beitragen*, exhorter à *ermahnen*, inviter à *einladen*, se préparer à *sich vorbereiten*, renoncer à *verzichten*, se résigner à *sich damit abfinden*, songer à *beabsichtigen*.

Ebenso steht der Infinitiv mit à nach Verben und Adjektiven, die das Streben nach einem **Ziel** oder **Zweck** sowie **Bestimmung** oder **Eignung** ausdrücken. Zu dieser Gruppe gehören u. a.

   die Verben:

aider à *helfen*, apprendre à *lernen, lehren*, chercher à *(ver)suchen*, enseigner à *lehren*, s'entendre à *sich darauf verstehen*, hésiter à *zögern*, se mettre à *anfangen*, s'occuper à *daran arbeiten*, persister à *darauf beharren*, réussir à *gelingen*, servir à *dienen zu*, tarder à *zögern*, tenir à *Wert legen auf*

und   *die Adjektive*:

facile à *leicht*, difficile à *schwer*, prompt à, prêt à *bereit* (cette lettre est facile à traduire *dieser Brief ist leicht zu übersetzen*; dagegen: il est facile de traduire cette lettre, s. S. 96).

Am häufigsten gebraucht wird der **Infinitiv mit de**. Er steht nach Verben, die auch ein nachfolgendes Substantiv mit **de** anschließen würden:

Statt: il rêve du gros lot *er träumt vom großen Los* könnte es auch heißen: il rêve de gagner le gros lot *er träumt davon, das große Los zu gewinnen.* Zu diesen Verben gehören u. a.: accuser de *anklagen*, s'agir de *sich handeln um*, s'étonner de *sich wundern*, s'excuser de *sich entschuldigen*, féliciter de *beglückwünschen*, menacer de *(an)drohen*, parler de *sprechen*, remercier de *danken*, se repentir de *bereuen*, rêver de *träumen*, se souvenir de *sich erinnern*, se vanter de *sich rühmen*.

Ebenso steht der Infinitiv mit de als Attribut nach **Substantiven** in Redewendungen wie: avoir peur, raison, envie de *Angst, recht, Lust* *haben,* faire le plaisir de *den Gefallen tun* sowie als Ergänzung nach **Adjektiven,** die persönliche Gefühle wie Freude, Verwunderung, Zuversicht ausdrücken (je suis heureux, fier, content, surpris, sûr de vous saluer chez moi *ich bin glücklich, stolz, zufrieden, überrascht, sicher, Sie bei mir begrüßen zu können*).

Als nachfolgendes Subjekt steht der Infinitiv mit de nach unpersönlichen Ausdrücken wie: il est facile, difficile de *es ist leicht, schwer,* il est (im)possible de *es ist (un)möglich,* il est interdit de *es ist untersagt* u. a. (il est facile de traduire cette lettre *es ist leicht, diesen Brief zu übersetzen*; dagegen: cette lettre est facile à traduire, s. S. 95).

Der Infinitiv mit de steht ferner nach einer Reihe von **transitiven** Verben, hinter denen man eine nachfolgende substantivische Ergänzung präpositionslos anschließen würde. Statt: il essaie lui-même **la réparation** de son téléviseur *er versucht selbst die Reparatur seines Fernsehapparates* sagt man häufiger rein verbal: il essaie lui-même **de réparer** son téléviseur.

Zu dieser Gruppe von Verben gehören u. a.: cesser de, finir de *aufhören, beenden,* craindre de *fürchten,* défendre de *verbieten,* dire de *sagen, befehlen,* essayer de *versuchen,* éviter de *vermeiden,* jurer de *schwören,* mériter de *verdienen,* offrir de *anbieten,* oublier de *vergessen,* permettre de *erlauben,* promettre de *versprechen,* proposer de *vorschlagen,* refuser de *sich weigern,* regretter de *bedauern,* risquer de *wagen,* tenter de *versuchen.*

Nach einigen Verben findet sich sowohl der Infinitiv mit **à** wie auch der mit **de,** ohne daß hiermit ein Bedeutungswandel verbunden wäre. Zu dieser Gruppe gehören: commencer *beginnen,* continuer *fortfahren,* s'efforcer *sich bemühen;* forcer, obliger, contraindre *zwingen.*

Je nachdem décider und résoudre *transitiv* oder *intransitiv* gebraucht werden, wechselt die Präposition:

transitiv mit **à**: je l'ai décidée (résolue) à dire la vérité *ich habe sie dazu bewogen, die Wahrheit zu sagen*

intransitiv mit **de**: nous avons décidé (résolu) de renoncer à notre projet *wir haben beschlossen, auf unser Vorhaben zu verzichten*

Werden décider und résoudre *reflexiv* gebraucht, so folgt der Infinitiv mit **à**: je me suis décidé (résolu) à partir demain *ich habe mich entschlossen, morgen abzureisen.* Dasselbe gilt für die passivisch gebrauchten Formen von décider und résoudre: être décidé (résolu) *entschlossen sein*: il est décidé (résolu) à risquer sa vie *er ist entschlossen, sein Leben einzusetzen.*

Bedeutungswandel erfolgt entsprechend der Wahl der Präposition
u. a. bei den Verben penser und venir:

penser faire qch.	*etw. zu tun gedenken*
penser à faire qch.	*daran denken, etw. zu tun*
venir faire qch.	*kommen, um etw. zu tun*
venir à faire qch.	*zufällig etw. tun*
venir de faire qch.	*soeben etw. getan haben*

Außer à und de finden sich vor einem Infinitiv folgende Präpositionen:

afin de, pour *um* ... *zu* (je viens afin de vous avertir *ich komme, um
Sie zu warnen*)

au lieu de *anstatt* (au lieu de travailler il alla se promener *anstatt zu
arbeiten, ging er spazieren*)

sans *ohne* (il le dit sans sourciller *er sagte es, ohne mit der Wimper
zu zucken*)

par nur in den Wendungen commencer (finir) par faire qch. *anfäng-
lich (schließlich) etw. tun* (il finit par nous importuner *schließlich
fiel er uns lästig*)

Ist der Träger der Handlung des Infinitivs der gleiche wie derjenige
des Hauptsatzes, so zieht das Französische die Infinitivkonstruktion
dem mit que eingeleiteten Nebensatz vor.

Statt: il faut que vous nous avertissiez avant que vous partiez (Konjunktiv!) *ihr müßt uns benachrichtigen, bevor ihr abreist* sagt man
besser: il faut que vous nous avertissiez **avant de** partir. Voraus-
setzung hierfür aber ist Gleichheit des Subjekts in Haupt- und Nebensatz.

Ebenso: **après** avoir lu la lettre, il entra en fureur *nachdem er den
Brief gelesen hatte, wurde er wütend* (statt: après qu'il avait lu la
lettre ...).

7. Das Gerundium

Unter dem „gérondif", das mit dem lateinischen Gerundivum (epis-
tula scribenda est *der Brief muß geschrieben werden*) nichts zu tun
hat, versteht man im Französischen eine Verbindung des Partizips
Präsens (ausgenommen avoir und être) mit der Präposition en: en
travaillant *beim Arbeiten*. Im Gegensatz zum Partizip Präsens (s.
S. 98) bezieht sich das Gerundium meist auf das Subjekt: nous
avons rencontré votre sœur en passant par Bruxelles *wir haben Ihre
Schwester getroffen, als wir durch Brüssel fuhren*.

Das Gerundium bezeichnet:

a) die **Gleichzeitigkeit zweier Handlungen,** zuweilen durch tout verstärkt (l'appétit vient en mangeant *der Appetit kommt beim Essen*; tout en travaillant elle s'évanouit *mitten bei der Arbeit wurde sie ohnmächtig*);

b) die **Art und Weise,** das **Mittel** (il le dit en souriant *er sagte es lächelnd*; en piochant on passe l'examen *durch Büffeln besteht man die Prüfung*);

c) die **Bedingung** (en vociférant vous n'atteindrez rien *wenn Sie schreien, werden Sie nichts erreichen*);

d) die **Einräumung** (tout en mentant elle ne rougit pas *obwohl sie lügt, wird sie nicht rot*).

8. Die Partizipien

Die französische Sprache unterscheidet zwei Partizipien: das Partizip Präsens (*le participe présent*) und das Partizip Perfekt (*le participe passé*).

Das **Partizip Präsens** wird entweder als **Adjektiv** (*ohne Ergänzung*) gebraucht und verändert (des films parlants *Tonfilme*), oder es wird als **Verbform** (*mit Ergänzung*) aufgefaßt und bleibt unverändert (j'ai rencontré ma sœur sortant du métro *ich habe meine Schwester getroffen, die aus der U-Bahn kam*).

Es steht:

1. anstelle eines Relativsatzes (il m'a donné un livre décrivant l'après-guerre *er hat mir ein Buch gegeben, das die Nachkriegszeit beschreibt*);

2. zur Angabe des Grundes (ayant faim, il rentra à la maison *da er Hunger hatte, kehrte er nach Hause zurück*);

3. anstelle von mit Konjunktionen wie quand, lorsque, après que, bien que oder quoique eingeleiteten Nebensätzen (ayant dormi huit heures, il se leva *nachdem er acht Stunden geschlafen hatte, stand er auf*).

Abgesehen von den nicht sehr zahlreichen, der Umgangssprache jedoch durchaus geläufigen Verbaladjektiven (d. h. als Adjektive gebrauchte Partizipien des Präsens wie amusant *spaßig*, abondant *ausgiebig*, courant *fließend*, excitant *anregend*, fatigant *ermüdend* u. a.), ist das Partizip Präsens, als Verbform aufgefaßt, in der heutigen Sprache (mit Ausnahme der Literatur- und Behördensprache) seltener geworden. Es wird durch mit Konjunktionen eingeleitete Nebensätze ersetzt.

Das **Partizip Perfekt** hat die Bedeutung eines Adjektivs und richtet sich in Geschlecht und Zahl nach seinem Beziehungswort (des fonds déboursés *verauslagte Gelder*). Es wird zur Bildung der zusammengesetzten Zeiten verwendet, wofür bezüglich seiner Veränderlichkeit folgende Regeln gelten:

1. Das mit **être** verbundene Partizip richtet sich in Geschlecht und Zahl nach dem **Subjekt** des Satzes (les fenêtres sont ouvert**es**).

2. Das mit **avoir** verbundene Partizip bleibt **unverändert**, wenn das direkte Objekt folgt (nous avons acheté les machines *wir haben die Maschinen gekauft*). Geht dieses jedoch in Gestalt eines Personal- oder Relativpronomens voran, so erfolgt eine entsprechende Veränderung des Partizips (nous **les** [*f/pl.*] avons achet**ées**; les machines **que** [*f/pl.*] nous avons achet**ées**).

3. Bezüglich der Veränderlichkeit des Partizips bei reflexiven Verben gilt das auf S. 88 Gesagte.

III. Rektion des Verbs

Eine Reihe von Verben regiert im Französischen einen anderen Fall als im Deutschen. So steht abweichend vom Deutschen

der Genitiv u. a. nach folgenden Verben:

s'acquitter de qch.	*sich frei machen von*
s'agir de qch.	*sich handeln um, handeln von*
s'apercevoir de qch.	*etwas bemerken*
s'approcher de q. (qch.)	*sich j-m (einer Sache) nähern*
avoir besoin de qch.	*etwas nötig haben*
désespérer de qch.	*verzweifeln an*
se douter de qch.	*etwas ahnen, vermuten*
s'étonner de qch.	*sich wundern über*
féliciter q. de qch.	*j-n zu etwas beglückwünschen*
jouir de qch.	*etwas genießen*
se méfier de qch.	*sich hüten vor*
se méfier de q.	*j-m mißtrauen*
se moquer de q. (qch.)	*spotten über*
s'occuper de qch.	*sich beschäftigen mit*
se passer de qch.	*etwas entbehren*
se plaindre de q.	*sich beklagen über*
profiter de qch.	*etwas (aus)nutzen*

remercier q. de qch.   *j-m für etwas danken*
se repentir de qch.   *etwas bereuen*
rire de q. (qch.)   *über j-n (etwas) lachen*
se soucier de qch.   *sich (be)kümmern um*

der Dativ u. a. nach folgenden Verben:

s'attendre à qch.   *sich auf etwas gefaßt machen*
demander à q.   *j-n fragen, bitten*
s'intéresser à q. (qch.) *sich für j-n (etwas) interessieren*
parler à q.   *j-n sprechen*
réfléchir à qch.   *nachdenken über*
renseigner qch. à q.   *j-n etwas lehren*
répondre à qch.   *antworten auf*
survivre à q.   *j-n überleben*

der Akkusativ u. a. nach folgenden Verben:

affronter q.   *j-m Trotz bieten*
aider q.
assister q.
seconder q.   *j-m helfen*
secourir q.
applaudir q.   *j-m Beifall spenden*
conseiller q.   *j-m raten*
contredire q.   *j-m widersprechen*
craindre q. (qch.)   *sich vor j-m (einer Sache) fürchten*
croire q.   *j-m glauben*
écouter q.   *j-m zuhören*
féliciter q. de qch.   *j-n zu etwas beglückwünschen*
flatter q.   *j-m schmeicheln*
fuir q. (qch.)   *vor j-m (einer Sache) fliehen*
menacer q.   *j-m drohen*
précéder q.   *j-m vorangehen*
prévenir q.   *j-m zuvorkommen*
se rappeler q. (qch.)   *sich an j-n (etwas) erinnern*
remercier q. de qch.   *j-m für etwas danken*
rencontrer q.   *j-m begegnen*
servir q.   *j-m dienen*
suivre q.   *j-m folgen*

Einige Verben haben **verschiedene Bedeutung** je nach dem Fall, den sie regieren. Zu dieser Gruppe gehören u. a.:

assister q. *j-m helfen* (je l'ai assistée toujours *ich habe ihr immer geholfen*)

    à qch. *einer Sache beiwohnen, an ihr teilnehmen* (elle n'a pas assisté aux classes *sie hat am Unterricht nicht teilgenommen*)

changer qch. *etwas auswechseln, umgestalten* (il faut changer le wagon à Metz *man muß den Waggon in Metz auswechseln*)

    de qch. *etwas wechseln, ändern* (il faut changer de train à Metz *man muß in Metz umsteigen*)

croire q. *j-m glauben* (je l'ai crue *ich habe ihr geglaubt*)

    à q. *an j-n glauben* (crois-tu au croque-mitaine? *glaubst du etwa an den schwarzen Mann?*)

    en q. *j-m glaubend vertrauen* (il croit en Dieu *er glaubt an Gott*)

demander q. *nach j-m fragen* (il l'a demandée *er hat nach ihr gefragt*)

    à q. *j-n bitten, fragen* (je lui ai demandé *ich habe ihn [sie] gebeten, gefragt*)

    qch. *etwas verlangen* (il demande une indemnité *er verlangt eine Entschädigung*)

    qch. à q. *j-n um etwas bitten, nach etwas fragen* (il m'a demandé le journal *er hat mich um die Zeitung gebeten, mich nach der Zeitung gefragt*); il me l'a demandé *er hat mich um sie gebeten*)

jouer à un jeu *ein Spiel spielen* (ils jouaient aux cartes *sie spielten Karten*)

    d'un instrument *ein Instrument spielen* (elle joue du piano *sie spielt Klavier*)

manquer qch. *etwas versäumen, verpassen* (j'avais manqué le train du matin *ich hatte den Frühzug versäumt*)

    de qch. *fehlen an etwas* (la maison manque de ressources suffisantes *der Firma fehlt es an ausreichenden Mitteln*)

    à qch. *verstoßen gegen etwas* (il a manqué aux convenances *er hat gegen den Anstand verstoßen*)

se mêler de qch. *sich in etwas einmischen* (nous ne nous mêlerons pas des affaires d'autrui *wir werden uns nicht in die Angelegenheiten anderer einmischen*)

    à qch. *sich unter etwas mischen* (les employés de la police criminelle se mêlèrent à la foule *die Kriminalbeamten mischten sich unter die Menge*)

répondre de q. *für j-n bürgen* (je répondrai d'elle *ich werde für sie bürgen*)

à q. *j-m antworten* (je répondrai à votre femme *ich werde Ihrer Frau antworten*)

servir q. *j-m dienen* (elle a servi notre famille plusieurs années *sie hat unsere Familie mehrere Jahre gedient*)

qch. *etwas servieren, auftragen* (le garçon sert l'entremets *der Kellner serviert das Zwischengericht*)

à qch. *zu etwas dienen* (savez-vous à quoi sert ce bouton? *wissen Sie, wozu dieser Knopf dient?*)

à q. de qch. *j-m als etwas dienen* (une table de verre me sert de sous-main *eine Glasplatte dient mir als Schreibunterlage*)

user qch. *etwas abnutzen* (cette lame de rasoir est fort usée *diese Rasierklinge ist stark abgenutzt*)

de qch. *etwas gebrauchen, anwenden* (n'usez pas de violence! *wenden Sie keine Gewalt an!*)

Die Wortstellung *(l'ordre des mots)*

1. Im Aussagesatz

Die im Französischen übliche und streng befolgte Wortfolge ist:

Subjekt — Prädikat — Objekt(e)

Da — wie bereits auf S. 24 angegeben — Nominativ und Akkusativ der Form nach gleich und lediglich an ihrer Stellung innerhalb des Satzes zu erkennen sind, steht das im Nominativ stehende Subjekt **vor,** das im Akkusativ stehende Objekt dagegen **hinter** dem Verb. Bei zwei Objekten steht das Akkusativobjekt vor dem Dativobjekt:

Jean rend le journal à son frère
Hans gibt seinem Bruder die Zeitung zurück

Wird jedoch das Akkusativobjekt durch einen Zusatz ergänzt, so tritt es hinter das Dativobjekt:

Jean rend à son frère le journal qu'il lui avait prêté
Hans gibt seinem Bruder die Zeitung zurück, die er ihm geliehen hatte

Die Wortfolge **Subjekt** — **Prädikat** — **Objekt(e)** ist auch dann einzuhalten, wenn der Satz durch eine adverbiale Bestimmung eingeleitet wird (demain nous partirons *morgen werden wir abreisen*), ferner im Nebensatz (le voleur affirmait qu'il avait trouvé le bracelet *der Dieb behauptete, daß er das Armband gefunden hätte*) sowie nach dont (s. S. 47).

Soll das Akkusativobjekt besonders hervorgehoben werden, so tritt es an den Satzanfang und wird beim Verb durch das entsprechende Pronomen wiederholt:

> cette lettre, je ne l'ai jamais vue
> *diesen Brief habe ich nie gesehen*

Zur Hervorhebung des Subjekts dient die Umschreibung mit **c'est ... qui** (c'est mon frère qui est arrivé *mein Bruder ist angekommen*), zur Hervorhebung anderer Satzteile diejenige mit **c'est ... que** (c'est à mon père que j'ai adressé cette lettre *an meinen Vater habe ich diesen Brief gerichtet*).

Die als Objekt gebrauchten unbestimmten Pronomen **rien** *nichts* und **tout** *alles* stehen, wenn sie nicht besonders betont sind, vor dem Infinitiv (je veux tout lire *ich will alles lesen*) bzw. dem Partizip (je n'ai rien dit *ich habe nichts gesagt*). Sind sie dagegen betont, so treten sie an das Satzende (je veux lire tout *ich will aber auch alles lesen*, je n'ai dit rien *ich habe absolut nichts gesagt*).

Unter gewissen Bedingungen kann das Subjekt **hinter** das Prädikat treten (Inversion). Dies ist der Fall in Sätzen, die in die direkte Rede eingeschoben werden (je ne viendrai pas, dit-il *ich werde nicht kommen, sagte er*), in Wunschsätzen (Vive la République! *Es lebe die Republik!*), in Ausrufesätzen (es-tu impoli! *bist du unhöflich!*) sowie in Sätzen, die von den Pronomen quel oder tel eingeleitet werden (quelle est votre maison? *welches ist Ihr Haus?*; telle fut ma proposition *das war mein Vorschlag*).

Inversion tritt auch nach einer Reihe von Adverbien ein, die einen Satz einleiten. Zu dieser Gruppe gehören **à peine ... que** *kaum ... als* (à peine fut-elle arrivée qu'elle tomba malade *kaum war sie angekommen, als sie krank wurde*), **aussi** und **ainsi** in der Bedeutung *deshalb, daher* (aussi s'est-il retiré des affaires *deshalb hat er das Geschäft aufgegeben*), **du moins** *zumindest* (du moins est-il appelé à ... *zumindest ist er dazu berufen ...*), **encore** in der Bedeutung *indessen, allerdings* (il a passé l'examen; encore a-t-il pioché bien avant dans la nuit *er hat die Prüfung bestanden; allerdings hat er auch bis tief in die Nacht hinein gebüffelt*), **peut-être** *vielleicht* (peut-être a-t-elle prêté faux serment *vielleicht hat sie einen Meineid geleistet*, **sans doute** *ohne*

Zweifel (sans doute verrons-nous des arbres et de l'eau *ohne Zweifel werden wir Bäume und Wasser sehen*). — Ist das Subjekt ein Substantiv oder ein Eigenname, so gelangt die absolute Fragestellung (s. unten) zur Anwendung (peut-être M. Durand a-t-il prêté faux serment *vielleicht hat Herr D. einen Meineid geleistet*).

2. Im Fragesatz

Folgende Konstruktionen sind möglich:

a) die Wortstellung des Aussagesatzes, wobei die Frage durch den Tonfall ausgedrückt wird (ton frère est content du traitement? *dein Bruder ist mit dem Gehalt zufrieden?*);

b) die einfache Fragestellung, wenn das Subjekt ein Pronomen ist (est-il content du traitement? *ist er mit dem Gehalt zufrieden?*);

c) die absolute Fragestellung, wenn das Subjekt ein Substantiv ist (ton frère est-il content du traitement? *ist dein Bruder mit dem Gehalt zufrieden?*);

d) die Umschreibung mit est-ce que (est-ce qu'il est content? *ist er zufrieden?*; est-ce que ton frère est content? *ist dein Bruder zufrieden?*).

Im einzelnen wäre folgendes zu bemerken:

Die einfache Fragestellung gelangt zur Anwendung, wenn das Subjekt ein Personalpronomen ist (a-t-il déjà répondu? *hat er schon geantwortet?*), wenn das Subjekt durch die Pronomen ce *dies, das* oder on *man* ausgedrückt wird (est-ce juste? *ist das richtig?*; lui a-t-on demandé? *hat man ihn gefragt?*), wenn Fragewörter wie quand? *wann?*, où? *wo?*, que? *was?*, quel? *welcher?* den Fragesatz einleiten (quand arrive le train? *wann kommt der Zug an?*; où est Jean? *wo ist Hans?*; que veut Jean? *was will Hans?*; quelle est sa profession? *welches ist sein Beruf?*).

Die absolute Fragestellung gelangt zur Anwendung, wenn das Subjekt ein Substantiv ist und der Satz nicht durch ein Fragewort eingeleitet wird. Das Subjekt bleibt am Satzanfang und wird durch das entsprechende Personalpronomen, das hinter das Verb tritt, wiederholt (ton frère vient-il aujourd'hui? *kommt dein Bruder heute?*). Die absolute Fragestellung ist ferner erforderlich, wenn der Fragesatz durch qui? *wen?* oder pourquoi? *warum?* eingeleitet wird (qui Madame Dupont veut-elle inviter? *wen will Frau D. einladen?*; pourquoi ce document ne fut-il pas traduit? *warum wurde diese Urkunde nicht übersetzt?*).

Die absolute Fragestellung gehört fast ausschließlich der Schriftsprache an. In der Umgangssprache wird sie weitgehend durch **die
Umschreibung mit est-ce que** ersetzt. Statt: ton frère vient-il aujourd'hui? hört man viel häufiger: est-ce que ton frère vient aujourd'hui?

Die Zeichensetzung *(la ponctuation)*

Der Gebrauch der meisten Satzzeichen — le point *der Punkt,* le
point-virgule *das Semikolon,* les deux points *der Doppelpunkt,* le
point d'interrogation *das Fragezeichen,* le point d'exclamation *das
Ausrufungszeichen*—weist im Französischen keine Besonderheiten auf.

Stärkere Abweichungen zeigen beide Sprachen dagegen im Gebrauch
des **Kommas** (la virgule), das im Französischen Zeichen einer kurzen
Sprechpause ist. Demzufolge steht im Französischen kein Komma vor

que *daß* (je sais qu'il part *ich weiß, daß er abreist*),

si *ob* (je ne sais s'il peut venir *ich weiß nicht, ob er kommen kann*),

Konjunktionen, die nachgestellte Adverbialsätze einleiten (veuillez
nous informer avant de partir *benachrichtigen Sie uns bitte, bevor
Sie abreisen*),

Infinitivsätzen (nous vous prions de nous répondre par retour du
courrier *wir bitten Sie, uns postwendend zu antworten*),

Relativsätzen, sofern sie zum Verständnis des Hauptsatzes erforderlich sind (j'ai vu la femme qui a volé la montre en or *ich habe die
Frau gesehen, die die goldene Uhr gestohlen hat*).

Leiten adverbiale Bestimmungen einen Satz ein, so werden sie durch
ein Komma als Zeichen der Sprechpause abgetrennt (hier soir, nous
avons vu M. Durand *gestern abend haben wir Herrn Durand gesehen*).
Auch setzt man ein Komma gern dort, wo ein Verb aus dem vor-
hergehenden Satz zu ergänzen ist (le ciel est dans ses yeux, et l'enfer,
dans son cœur *in ihren Augen ist der Himmel, in ihrem Herzen die
Hölle*).

Der **Bindestrich** (le trait d'union) steht in Ortsnamen (Châlons-sur-
Marne) und Koppelwörtern (le pare-chocs *die Stoßstange*). Über
seine Verwendung in der Frageform des Zeitwortes s. S. 84.

Die **An- und Abführungszeichen** (les guillemets) stehen am Anfang
und am Ende der direkten Rede. Die typographischen Zeichen sind
« für die Anführung,» für die Abführung («Est-elle venue hier soir?»
nous demanda-t-il „*Ist sie gestern abend gekommen?" fragte er uns*).

Groß- und Kleinschreibung
(majuscules — minuscules)

Im Französischen werden grundsätzlich sämtliche Wörter (somit auch die Substantive) mit kleinem Anfangsbuchstaben geschrieben. Dies gilt auch für die Anredepronomen in Briefen: tu *Du*, vous *Sie*, *Ihnen* und votre *Ihr*.

Mit **großem** Anfangsbuchstaben werden geschrieben:

das erste Wort nach einem Punkt, einem Frage- bzw. Ausrufezeichen der direkten Rede (Il me demanda: «Es-tu malade?» *Er fragte mich: ,,Bist du krank?"*), von Zitaten (Après nous le déluge *nach uns die Sintflut*)

Eigennamen (André Gide, Mendès-France, La Fontaine)

geographische Namen (la Loire, les Pyrénées, le Havre; le mont Blanc, l'océan Pacifique, la mer Rouge)

Völkernamen (les Français; aber: la langue française)

Namen von Institutionen (la Sûreté *die Sicherheitspolizei*; l'Académie française)

Namen religiöser Feiertage (la Pentecôte *Pfingsten*) und solche, die sich auf die **christliche Gottheit** beziehen (le Créateur *der Schöpfer*)

Buchtitel (les Femmes savantes; aber: [Voranstellung des Adjektivs!] le Mariage de Figaro ou la Folle Journée *Figaros Hochzeit oder der Tolle Tag*)

Namen von Himmelsgegenden, sofern diese zur Bezeichnung eines betreffenden Gebietes dienen (la gare du Nord, le Midi *der Süden Frankreichs*)

Monsieur, Madame und **Mademoiselle** in der Anrede und in Verbindung mit Titeln (Monsieur le Président)

Die Silbentrennung

(la division syllabique des mots)

Die Silbentrennung erfolgt im Französischen nach **Sprechsilben.**

So wie in der Aussprache **ein einfacher Konsonant** zwischen Vokalen stets den Silbenanlaut bildet, so wird er auch bei der Silbentrennung zur folgenden Silbe gezogen (le ca-ma-ra-de).

Zwei Konsonanten werden im allgemeinen getrennt (le suc-ces-seur, le mi-nis-tère). Ist jedoch der zweite Konsonant ein l oder ein r, so werden beide Konsonanten auf die nächste Zeile genommen (troubler, le mè-tre).

Bei **drei Konsonanten** wird nach dem zweiten getrennt (comp-ter). Ist jedoch der dritte Konsonant ein l oder ein r, so wird nach dem ersten getrennt (com-plet, ré-pon-dre).

Bei **vier Konsonanten** wird ebenfalls in der Regel nach dem zweiten getrennt (l'ins-truc-tion).

Nicht getrennt werden die **einen** Laut darstellenden **Konsonantengruppen ch** [ʃ], **ph** [f] und **gn** [ɲ] (ma-chi-ne, té-lé-pho-nie, ga-gner), aufeinanderfolgende, **einen** Laut darstellende **Vokalgruppen** (la poésie) sowie alleinstehende **Anlautvokale** (l'odeur).

Sachregister

(Die Zahlen beziehen sich auf die Seiten)